THIS BOOK BELONGS TO:

CONTACT INFORMATION	
NAME	
ADDRESS	
PHONE #	
EMAIL	

Copyright © Teresa Rother
All rights reserved. No part of this publication may be reproduced, distributed, or transmitted in any form or by any means, including photocopy, recording, or other electronic or mechanical methods.

DEDICATION

This House Cleaning Log Book is dedicated to people who want to plan and organize household chores.

You are my inspiration for producing this book and I'm honored to be a part of tracking and managing your cleaning schedule.

HOW TO USE THIS BOOK

This House Cleaning Log Book will allow you to accurately record every detail of your household cleaning schedule. It's a great way to simplify, organize and track the rooms cleaned, and much more.

Here are examples of information for you to fill in and write the details about your experience in this book.

Fill in the following information:

1. Checklist for each room (kitchen, bathroom, living room, dining room, garage, and yard) - Use the list to track each cleaning task.

2. Daily, Weekly and Monthly - View the tasks or create your own task and fill out the information.

3. Room Checklist - Fill out pages for bedrooms and extra rooms.

CLEANING CHECKLIST

KITCHEN

DAILY	MON	TUE	WED	THU	FRI	SAT	SUN
CLEAR AND WIPE TABLE	☐	☐	☐	☐	☐	☐	☐
WASH DISHES	☐	☐	☐	☐	☐	☐	☐
WIPE DOWN COUNTERTOP/STOVE	☐	☐	☐	☐	☐	☐	☐
CLEAN THE SINK	☐	☐	☐	☐	☐	☐	☐
TAKE OUT TRASH	☐	☐	☐	☐	☐	☐	☐
SPOT CLEAN THE FLOOR	☐	☐	☐	☐	☐	☐	☐
	☐	☐	☐	☐	☐	☐	☐

WEEKLY	
ORGANIZE FRIDGE	☐
DISCARD OLD FOOD	☐
WIPE DOWN APPLIANCES	☐
VACUUM/SWEEP/MOP FLOOR	☐
ORGANIZE CUPBOARD	☐
SPOT CLEAN THE FLOOR	☐
WIPE FRIDGE	☐
	☐

MONTHLY	
CLEAN WINDOWS	☐
WIPE CUPBOARD DOORS	☐
CLEAN OVEN AND RANGE	☐
CLEAN APPLIANCES	☐
	☐

BATHROOM

DAILY	MON	TUE	WED	THU	FRI	SAT	SUN
WIPE THE MIRROR	☐	☐	☐	☐	☐	☐	☐
WIPE COUNTERTOP	☐	☐	☐	☐	☐	☐	☐
CLEAN TOILET	☐	☐	☐	☐	☐	☐	☐
SQUEEGEE SHOWER DOOR	☐	☐	☐	☐	☐	☐	☐
	☐	☐	☐	☐	☐	☐	☐
	☐	☐	☐	☐	☐	☐	☐

WEEKLY	
CLEAN SINK/COUNTERTOP	☐
CLEAN TUB	☐
CLEAN TOILET	☐
EMPTY TRASH	☐
MOP FLOOR	☐
	☐
	☐

MONTHLY	
CLEAN WINDOWS	☐
WASH RUGS	☐
SCRUB TUB	☐
	☐
	☐

LIVING ROOM

DAILY	MON	TUE	WED	THU	FRI	SAT	SUN
ORGANIZE CLUTTER	☐	☐	☐	☐	☐	☐	☐
WIPE TABLES	☐	☐	☐	☐	☐	☐	☐
STRAIGHTEN CUSHIONS	☐	☐	☐	☐	☐	☐	☐

WEEKLY	
DUST TABLES & SHELVES	☐
VACUUM/SWEEP/MOP FLOOR	☐
	☐
	☐

MONTHLY	
DUST BLINDS/WASH CURTAINS	☐
WASH WINDOWS	☐
	☐
	☐

DINING ROOM

DAILY	MON	TUE	WED	THU	FRI	SAT	SUN
ORGANIZE CLUTTER	☐	☐	☐	☐	☐	☐	☐
WIPE TABLES	☐	☐	☐	☐	☐	☐	☐
	☐	☐	☐	☐	☐	☐	☐

WEEKLY	
DUST	☐
VACUUM/SWEEP/MOP FLOOR	☐
	☐
	☐

MONTHLY	
DUST BLINDS/WASH CURTAINS	☐
WASH WINDOWS	☐
	☐
	☐

GARAGE

DAILY	MON	TUE	WED	THU	FRI	SAT	SUN
ORGANIZE CLUTTER	☐	☐	☐	☐	☐	☐	☐
	☐	☐	☐	☐	☐	☐	☐

WEEKLY	
SWEEP GARAGE FLOOR	☐
	☐
	☐

MONTHLY	
DUST SHELVES	☐
	☐
	☐

YARD

DAILY	MON	TUE	WED	THU	FRI	SAT	SUN
WATER PLANTS	☐	☐	☐	☐	☐	☐	☐

WEEKLY	
SWEEP	☐
	☐

MONTHLY	
TRIM PLANTS	☐
	☐

CLEANING CHECKLIST

ROOM:								
DAILY		MON	TUE	WED	THU	FRI	SAT	SUN
		☐	☐	☐	☐	☐	☐	☐
		☐	☐	☐	☐	☐	☐	☐
		☐	☐	☐	☐	☐	☐	☐
		☐	☐	☐	☐	☐	☐	☐
		☐	☐	☐	☐	☐	☐	☐
		☐	☐	☐	☐	☐	☐	☐
		☐	☐	☐	☐	☐	☐	☐

WEEKLY		MONTHLY	
	☐		☐
	☐		☐
	☐		☐
	☐		☐
	☐		☐
	☐		☐
	☐		☐
	☐		☐

ROOM:								
DAILY		MON	TUE	WED	THU	FRI	SAT	SUN
		☐	☐	☐	☐	☐	☐	☐
		☐	☐	☐	☐	☐	☐	☐
		☐	☐	☐	☐	☐	☐	☐
		☐	☐	☐	☐	☐	☐	☐
		☐	☐	☐	☐	☐	☐	☐
		☐	☐	☐	☐	☐	☐	☐
		☐	☐	☐	☐	☐	☐	☐

WEEKLY		MONTHLY	
	☐		☐
	☐		☐
	☐		☐
	☐		☐
	☐		☐
	☐		☐
	☐		☐
	☐		☐

ROOM:								
DAILY		MON	TUE	WED	THU	FRI	SAT	SUN
		☐	☐	☐	☐	☐	☐	☐
		☐	☐	☐	☐	☐	☐	☐
		☐	☐	☐	☐	☐	☐	☐
		☐	☐	☐	☐	☐	☐	☐
		☐	☐	☐	☐	☐	☐	☐
		☐	☐	☐	☐	☐	☐	☐
		☐	☐	☐	☐	☐	☐	☐

WEEKLY		MONTHLY	
	☐		☐
	☐		☐
	☐		☐
	☐		☐
	☐		☐
	☐		☐
	☐		☐
	☐		☐

ROOM:								
DAILY		MON	TUE	WED	THU	FRI	SAT	SUN
		☐	☐	☐	☐	☐	☐	☐
		☐	☐	☐	☐	☐	☐	☐
		☐	☐	☐	☐	☐	☐	☐
		☐	☐	☐	☐	☐	☐	☐
		☐	☐	☐	☐	☐	☐	☐
		☐	☐	☐	☐	☐	☐	☐
		☐	☐	☐	☐	☐	☐	☐

WEEKLY		MONTHLY	
	☐		☐
	☐		☐
	☐		☐
	☐		☐
	☐		☐
	☐		☐
	☐		☐
	☐		☐

CLEANING CHECKLIST

KITCHEN

DAILY	MON	TUE	WED	THU	FRI	SAT	SUN
CLEAR AND WIPE TABLE	☐	☐	☐	☐	☐	☐	☐
WASH DISHES	☐	☐	☐	☐	☐	☐	☐
WIPE DOWN COUNTERTOP/STOVE	☐	☐	☐	☐	☐	☐	☐
CLEAN THE SINK	☐	☐	☐	☐	☐	☐	☐
TAKE OUT TRASH	☐	☐	☐	☐	☐	☐	☐
SPOT CLEAN THE FLOOR	☐	☐	☐	☐	☐	☐	☐
	☐	☐	☐	☐	☐	☐	☐

WEEKLY	
ORGANIZE FRIDGE	☐
DISCARD OLD FOOD	☐
WIPE DOWN APPLIANCES	☐
VACUUM/SWEEP/MOP FLOOR	☐
ORGANIZE CUPBOARD	☐
SPOT CLEAN THE FLOOR	☐
WIPE FRIDGE	☐
	☐

MONTHLY	
CLEAN WINDOWS	☐
WIPE CUPBOARD DOORS	☐
CLEAN OVEN AND RANGE	☐
CLEAN APPLIANCES	☐
	☐
	☐
	☐
	☐

BATHROOM

DAILY	MON	TUE	WED	THU	FRI	SAT	SUN
WIPE THE MIRROR	☐	☐	☐	☐	☐	☐	☐
WIPE COUNTERTOP	☐	☐	☐	☐	☐	☐	☐
CLEAN TOILET	☐	☐	☐	☐	☐	☐	☐
SQUEEGEE SHOWER DOOR	☐	☐	☐	☐	☐	☐	☐
	☐	☐	☐	☐	☐	☐	☐
	☐	☐	☐	☐	☐	☐	☐

WEEKLY	
CLEAN SINK/COUNTERTOP	☐
CLEAN TUB	☐
CLEAN TOILET	☐
EMPTY TRASH	☐
MOP FLOOR	☐
	☐
	☐

MONTHLY	
CLEAN WINDOWS	☐
WASH RUGS	☐
SCRUB TUB	☐
	☐
	☐
	☐
	☐

LIVING ROOM

DAILY	MON	TUE	WED	THU	FRI	SAT	SUN
ORGANIZE CLUTTER	☐	☐	☐	☐	☐	☐	☐
WIPE TABLES	☐	☐	☐	☐	☐	☐	☐
STRAIGHTEN CUSHIONS	☐	☐	☐	☐	☐	☐	☐

WEEKLY	
DUST TABLES & SHELVES	☐
VACUUM/SWEEP/MOP FLOOR	☐
	☐
	☐

MONTHLY	
DUST BLINDS/WASH CURTAINS	☐
WASH WINDOWS	☐
	☐
	☐

DINING ROOM

DAILY	MON	TUE	WED	THU	FRI	SAT	SUN
ORGANIZE CLUTTER	☐	☐	☐	☐	☐	☐	☐
WIPE TABLES	☐	☐	☐	☐	☐	☐	☐
	☐	☐	☐	☐	☐	☐	☐

WEEKLY	
DUST	☐
VACUUM/SWEEP/MOP FLOOR	☐
	☐
	☐

MONTHLY	
DUST BLINDS/WASH CURTAINS	☐
WASH WINDOWS	☐
	☐
	☐

GARAGE

DAILY	MON	TUE	WED	THU	FRI	SAT	SUN
ORGANIZE CLUTTER	☐	☐	☐	☐	☐	☐	☐
	☐	☐	☐	☐	☐	☐	☐

WEEKLY	
SWEEP GARAGE FLOOR	☐
	☐
	☐

MONTHLY	
DUST SHELVES	☐
	☐
	☐

YARD

DAILY	MON	TUE	WED	THU	FRI	SAT	SUN
WATER PLANTS	☐	☐	☐	☐	☐	☐	☐

WEEKLY	
SWEEP	☐
	☐

MONTHLY	
TRIM PLANTS	☐
	☐

CLEANING CHECKLIST

ROOM:							
DAILY	MON	TUE	WED	THU	FRI	SAT	SUN
	☐	☐	☐	☐	☐	☐	☐
	☐	☐	☐	☐	☐	☐	☐
	☐	☐	☐	☐	☐	☐	☐
	☐	☐	☐	☐	☐	☐	☐
	☐	☐	☐	☐	☐	☐	☐
	☐	☐	☐	☐	☐	☐	☐
	☐	☐	☐	☐	☐	☐	☐

WEEKLY		MONTHLY	
	☐		☐
	☐		☐
	☐		☐
	☐		☐
	☐		☐
	☐		☐
	☐		☐

ROOM:							
DAILY	MON	TUE	WED	THU	FRI	SAT	SUN
	☐	☐	☐	☐	☐	☐	☐
	☐	☐	☐	☐	☐	☐	☐
	☐	☐	☐	☐	☐	☐	☐
	☐	☐	☐	☐	☐	☐	☐
	☐	☐	☐	☐	☐	☐	☐
	☐	☐	☐	☐	☐	☐	☐
	☐	☐	☐	☐	☐	☐	☐

WEEKLY		MONTHLY	
	☐		☐
	☐		☐
	☐		☐
	☐		☐
	☐		☐
	☐		☐
	☐		☐

ROOM:							
DAILY	MON	TUE	WED	THU	FRI	SAT	SUN
	☐	☐	☐	☐	☐	☐	☐
	☐	☐	☐	☐	☐	☐	☐
	☐	☐	☐	☐	☐	☐	☐
	☐	☐	☐	☐	☐	☐	☐
	☐	☐	☐	☐	☐	☐	☐
	☐	☐	☐	☐	☐	☐	☐
	☐	☐	☐	☐	☐	☐	☐

WEEKLY		MONTHLY	
	☐		☐
	☐		☐
	☐		☐
	☐		☐
	☐		☐
	☐		☐
	☐		☐

ROOM:							
DAILY	MON	TUE	WED	THU	FRI	SAT	SUN
	☐	☐	☐	☐	☐	☐	☐
	☐	☐	☐	☐	☐	☐	☐
	☐	☐	☐	☐	☐	☐	☐
	☐	☐	☐	☐	☐	☐	☐
	☐	☐	☐	☐	☐	☐	☐
	☐	☐	☐	☐	☐	☐	☐
	☐	☐	☐	☐	☐	☐	☐

WEEKLY		MONTHLY	
	☐		☐
	☐		☐
	☐		☐
	☐		☐
	☐		☐
	☐		☐
	☐		☐

CLEANING CHECKLIST

KITCHEN

DAILY	MON	TUE	WED	THU	FRI	SAT	SUN
CLEAR AND WIPE TABLE	☐	☐	☐	☐	☐	☐	☐
WASH DISHES	☐	☐	☐	☐	☐	☐	☐
WIPE DOWN COUNTERTOP/STOVE	☐	☐	☐	☐	☐	☐	☐
CLEAN THE SINK	☐	☐	☐	☐	☐	☐	☐
TAKE OUT TRASH	☐	☐	☐	☐	☐	☐	☐
SPOT CLEAN THE FLOOR	☐	☐	☐	☐	☐	☐	☐
	☐	☐	☐	☐	☐	☐	☐

WEEKLY	
ORGANIZE FRIDGE	☐
DISCARD OLD FOOD	☐
WIPE DOWN APPLIANCES	☐
VACUUM/SWEEP/MOP FLOOR	☐
ORGANIZE CUPBOARD	☐
SPOT CLEAN THE FLOOR	☐
WIPE FRIDGE	☐
	☐

MONTHLY	
CLEAN WINDOWS	☐
WIPE CUPBOARD DOORS	☐
CLEAN OVEN AND RANGE	☐
CLEAN APPLIANCES	☐
	☐
	☐
	☐
	☐

BATHROOM

DAILY	MON	TUE	WED	THU	FRI	SAT	SUN
WIPE THE MIRROR	☐	☐	☐	☐	☐	☐	☐
WIPE COUNTERTOP	☐	☐	☐	☐	☐	☐	☐
CLEAN TOILET	☐	☐	☐	☐	☐	☐	☐
SQUEEGEE SHOWER DOOR	☐	☐	☐	☐	☐	☐	☐
	☐	☐	☐	☐	☐	☐	☐
	☐	☐	☐	☐	☐	☐	☐

WEEKLY	
CLEAN SINK/COUNTERTOP	☐
CLEAN TUB	☐
CLEAN TOILET	☐
EMPTY TRASH	☐
MOP FLOOR	☐
	☐
	☐

MONTHLY	
CLEAN WINDOWS	☐
WASH RUGS	☐
SCRUB TUB	☐
	☐
	☐
	☐
	☐

LIVING ROOM

DAILY	MON	TUE	WED	THU	FRI	SAT	SUN
ORGANIZE CLUTTER	☐	☐	☐	☐	☐	☐	☐
WIPE TABLES	☐	☐	☐	☐	☐	☐	☐
STRAIGHTEN CUSHIONS	☐	☐	☐	☐	☐	☐	☐

WEEKLY	
DUST TABLES & SHELVES	☐
VACUUM/SWEEP/MOP FLOOR	☐
	☐
	☐

MONTHLY	
DUST BLINDS/WASH CURTAINS	☐
WASH WINDOWS	☐
	☐
	☐

DINING ROOM

DAILY	MON	TUE	WED	THU	FRI	SAT	SUN
ORGANIZE CLUTTER	☐	☐	☐	☐	☐	☐	☐
WIPE TABLES	☐	☐	☐	☐	☐	☐	☐
	☐	☐	☐	☐	☐	☐	☐

WEEKLY	
DUST	☐
VACUUM/SWEEP/MOP FLOOR	☐
	☐
	☐

MONTHLY	
DUST BLINDS/WASH CURTAINS	☐
WASH WINDOWS	☐
	☐
	☐

GARAGE

DAILY	MON	TUE	WED	THU	FRI	SAT	SUN
ORGANIZE CLUTTER	☐	☐	☐	☐	☐	☐	☐
	☐	☐	☐	☐	☐	☐	☐

WEEKLY	
SWEEP GARAGE FLOOR	☐
	☐
	☐

MONTHLY	
DUST SHELVES	☐
	☐
	☐

YARD

DAILY	MON	TUE	WED	THU	FRI	SAT	SUN
WATER PLANTS	☐	☐	☐	☐	☐	☐	☐

WEEKLY	
SWEEP	☐
	☐

MONTHLY	
TRIM PLANTS	☐
	☐

CLEANING CHECKLIST

ROOM:							
DAILY	MON	TUE	WED	THU	FRI	SAT	SUN
	☐	☐	☐	☐	☐	☐	☐
	☐	☐	☐	☐	☐	☐	☐
	☐	☐	☐	☐	☐	☐	☐
	☐	☐	☐	☐	☐	☐	☐
	☐	☐	☐	☐	☐	☐	☐
	☐	☐	☐	☐	☐	☐	☐
	☐	☐	☐	☐	☐	☐	☐

WEEKLY		MONTHLY	
	☐		☐
	☐		☐
	☐		☐
	☐		☐
	☐		☐
	☐		☐
	☐		☐

ROOM:							
DAILY	MON	TUE	WED	THU	FRI	SAT	SUN
	☐	☐	☐	☐	☐	☐	☐
	☐	☐	☐	☐	☐	☐	☐
	☐	☐	☐	☐	☐	☐	☐
	☐	☐	☐	☐	☐	☐	☐
	☐	☐	☐	☐	☐	☐	☐
	☐	☐	☐	☐	☐	☐	☐
	☐	☐	☐	☐	☐	☐	☐

WEEKLY		MONTHLY	
	☐		☐
	☐		☐
	☐		☐
	☐		☐
	☐		☐
	☐		☐
	☐		☐

ROOM:							
DAILY	MON	TUE	WED	THU	FRI	SAT	SUN
	☐	☐	☐	☐	☐	☐	☐
	☐	☐	☐	☐	☐	☐	☐
	☐	☐	☐	☐	☐	☐	☐
	☐	☐	☐	☐	☐	☐	☐
	☐	☐	☐	☐	☐	☐	☐
	☐	☐	☐	☐	☐	☐	☐
	☐	☐	☐	☐	☐	☐	☐

WEEKLY		MONTHLY	
	☐		☐
	☐		☐
	☐		☐
	☐		☐
	☐		☐
	☐		☐
	☐		☐

ROOM:							
DAILY	MON	TUE	WED	THU	FRI	SAT	SUN
	☐	☐	☐	☐	☐	☐	☐
	☐	☐	☐	☐	☐	☐	☐
	☐	☐	☐	☐	☐	☐	☐
	☐	☐	☐	☐	☐	☐	☐
	☐	☐	☐	☐	☐	☐	☐
	☐	☐	☐	☐	☐	☐	☐
	☐	☐	☐	☐	☐	☐	☐

WEEKLY		MONTHLY	
	☐		☐
	☐		☐
	☐		☐
	☐		☐
	☐		☐
	☐		☐
	☐		☐

CLEANING CHECKLIST

KITCHEN

DAILY	MON	TUE	WED	THU	FRI	SAT	SUN
CLEAR AND WIPE TABLE	☐	☐	☐	☐	☐	☐	☐
WASH DISHES	☐	☐	☐	☐	☐	☐	☐
WIPE DOWN COUNTERTOP/STOVE	☐	☐	☐	☐	☐	☐	☐
CLEAN THE SINK	☐	☐	☐	☐	☐	☐	☐
TAKE OUT TRASH	☐	☐	☐	☐	☐	☐	☐
SPOT CLEAN THE FLOOR	☐	☐	☐	☐	☐	☐	☐
	☐	☐	☐	☐	☐	☐	☐

WEEKLY	
ORGANIZE FRIDGE	☐
DISCARD OLD FOOD	☐
WIPE DOWN APPLIANCES	☐
VACUUM/SWEEP/MOP FLOOR	☐
ORGANIZE CUPBOARD	☐
SPOT CLEAN THE FLOOR	☐
WIPE FRIDGE	☐
	☐

MONTHLY	
CLEAN WINDOWS	☐
WIPE CUPBOARD DOORS	☐
CLEAN OVEN AND RANGE	☐
CLEAN APPLIANCES	☐
	☐
	☐
	☐
	☐

BATHROOM

DAILY	MON	TUE	WED	THU	FRI	SAT	SUN
WIPE THE MIRROR	☐	☐	☐	☐	☐	☐	☐
WIPE COUNTERTOP	☐	☐	☐	☐	☐	☐	☐
CLEAN TOILET	☐	☐	☐	☐	☐	☐	☐
SQUEEGEE SHOWER DOOR	☐	☐	☐	☐	☐	☐	☐
	☐	☐	☐	☐	☐	☐	☐
	☐	☐	☐	☐	☐	☐	☐

WEEKLY	
CLEAN SINK/COUNTERTOP	☐
CLEAN TUB	☐
CLEAN TOILET	☐
EMPTY TRASH	☐
MOP FLOOR	☐
	☐
	☐

MONTHLY	
CLEAN WINDOWS	☐
WASH RUGS	☐
SCRUB TUB	☐
	☐
	☐
	☐
	☐

LIVING ROOM

DAILY	MON	TUE	WED	THU	FRI	SAT	SUN
ORGANIZE CLUTTER	☐	☐	☐	☐	☐	☐	☐
WIPE TABLES	☐	☐	☐	☐	☐	☐	☐
STRAIGHTEN CUSHIONS	☐	☐	☐	☐	☐	☐	☐

WEEKLY	
DUST TABLES & SHELVES	☐
VACUUM/SWEEP/MOP FLOOR	☐
	☐
	☐

MONTHLY	
DUST BLINDS/WASH CURTAINS	☐
WASH WINDOWS	☐
	☐
	☐

DINING ROOM

DAILY	MON	TUE	WED	THU	FRI	SAT	SUN
ORGANIZE CLUTTER	☐	☐	☐	☐	☐	☐	☐
WIPE TABLES	☐	☐	☐	☐	☐	☐	☐
	☐	☐	☐	☐	☐	☐	☐

WEEKLY	
DUST	☐
VACUUM/SWEEP/MOP FLOOR	☐
	☐
	☐

MONTHLY	
DUST BLINDS/WASH CURTAINS	☐
WASH WINDOWS	☐
	☐
	☐

GARAGE

DAILY	MON	TUE	WED	THU	FRI	SAT	SUN
ORGANIZE CLUTTER	☐	☐	☐	☐	☐	☐	☐
	☐	☐	☐	☐	☐	☐	☐

WEEKLY	
SWEEP GARAGE FLOOR	☐
	☐
	☐

MONTHLY	
DUST SHELVES	☐
	☐
	☐

YARD

DAILY	MON	TUE	WED	THU	FRI	SAT	SUN
WATER PLANTS	☐	☐	☐	☐	☐	☐	☐

WEEKLY	
SWEEP	☐
	☐

MONTHLY	
TRIM PLANTS	☐

CLEANING CHECKLIST

ROOM:								
DAILY		MON	TUE	WED	THU	FRI	SAT	SUN
		☐	☐	☐	☐	☐	☐	☐
		☐	☐	☐	☐	☐	☐	☐
		☐	☐	☐	☐	☐	☐	☐
		☐	☐	☐	☐	☐	☐	☐
		☐	☐	☐	☐	☐	☐	☐
		☐	☐	☐	☐	☐	☐	☐
		☐	☐	☐	☐	☐	☐	☐

WEEKLY		MONTHLY	
	☐		☐
	☐		☐
	☐		☐
	☐		☐
	☐		☐
	☐		☐
	☐		☐
	☐		☐

ROOM:								
DAILY		MON	TUE	WED	THU	FRI	SAT	SUN
		☐	☐	☐	☐	☐	☐	☐
		☐	☐	☐	☐	☐	☐	☐
		☐	☐	☐	☐	☐	☐	☐
		☐	☐	☐	☐	☐	☐	☐
		☐	☐	☐	☐	☐	☐	☐
		☐	☐	☐	☐	☐	☐	☐
		☐	☐	☐	☐	☐	☐	☐

WEEKLY		MONTHLY	
	☐		☐
	☐		☐
	☐		☐
	☐		☐
	☐		☐
	☐		☐
	☐		☐
	☐		☐

ROOM:								
DAILY		MON	TUE	WED	THU	FRI	SAT	SUN
		☐	☐	☐	☐	☐	☐	☐
		☐	☐	☐	☐	☐	☐	☐
		☐	☐	☐	☐	☐	☐	☐
		☐	☐	☐	☐	☐	☐	☐
		☐	☐	☐	☐	☐	☐	☐
		☐	☐	☐	☐	☐	☐	☐
		☐	☐	☐	☐	☐	☐	☐

WEEKLY		MONTHLY	
	☐		☐
	☐		☐
	☐		☐
	☐		☐
	☐		☐
	☐		☐
	☐		☐
	☐		☐

ROOM:								
DAILY		MON	TUE	WED	THU	FRI	SAT	SUN
		☐	☐	☐	☐	☐	☐	☐
		☐	☐	☐	☐	☐	☐	☐
		☐	☐	☐	☐	☐	☐	☐
		☐	☐	☐	☐	☐	☐	☐
		☐	☐	☐	☐	☐	☐	☐
		☐	☐	☐	☐	☐	☐	☐
		☐	☐	☐	☐	☐	☐	☐

WEEKLY		MONTHLY	
	☐		☐
	☐		☐
	☐		☐
	☐		☐
	☐		☐
	☐		☐
	☐		☐
	☐		☐

CLEANING CHECKLIST

KITCHEN

DAILY	MON	TUE	WED	THU	FRI	SAT	SUN
CLEAR AND WIPE TABLE	☐	☐	☐	☐	☐	☐	☐
WASH DISHES	☐	☐	☐	☐	☐	☐	☐
WIPE DOWN COUNTERTOP/STOVE	☐	☐	☐	☐	☐	☐	☐
CLEAN THE SINK	☐	☐	☐	☐	☐	☐	☐
TAKE OUT TRASH	☐	☐	☐	☐	☐	☐	☐
SPOT CLEAN THE FLOOR	☐	☐	☐	☐	☐	☐	☐
	☐	☐	☐	☐	☐	☐	☐

WEEKLY	
ORGANIZE FRIDGE	☐
DISCARD OLD FOOD	☐
WIPE DOWN APPLIANCES	☐
VACUUM/SWEEP/MOP FLOOR	☐
ORGANIZE CUPBOARD	☐
SPOT CLEAN THE FLOOR	☐
WIPE FRIDGE	☐
	☐

MONTHLY	
CLEAN WINDOWS	☐
WIPE CUPBOARD DOORS	☐
CLEAN OVEN AND RANGE	☐
CLEAN APPLIANCES	☐
	☐
	☐
	☐
	☐

BATHROOM

DAILY	MON	TUE	WED	THU	FRI	SAT	SUN
WIPE THE MIRROR	☐	☐	☐	☐	☐	☐	☐
WIPE COUNTERTOP	☐	☐	☐	☐	☐	☐	☐
CLEAN TOILET	☐	☐	☐	☐	☐	☐	☐
SQUEEGEE SHOWER DOOR	☐	☐	☐	☐	☐	☐	☐
	☐	☐	☐	☐	☐	☐	☐
	☐	☐	☐	☐	☐	☐	☐

WEEKLY	
CLEAN SINK/COUNTERTOP	☐
CLEAN TUB	☐
CLEAN TOILET	☐
EMPTY TRASH	☐
MOP FLOOR	☐
	☐
	☐

MONTHLY	
CLEAN WINDOWS	☐
WASH RUGS	☐
SCRUB TUB	☐
	☐
	☐
	☐
	☐

LIVING ROOM

DAILY	MON	TUE	WED	THU	FRI	SAT	SUN
ORGANIZE CLUTTER	☐	☐	☐	☐	☐	☐	☐
WIPE TABLES	☐	☐	☐	☐	☐	☐	☐
STRAIGHTEN CUSHIONS	☐	☐	☐	☐	☐	☐	☐

WEEKLY	
DUST TABLES & SHELVES	☐
VACUUM/SWEEP/MOP FLOOR	☐
	☐
	☐

MONTHLY	
DUST BLINDS/WASH CURTAINS	☐
WASH WINDOWS	☐
	☐
	☐

DINING ROOM

DAILY	MON	TUE	WED	THU	FRI	SAT	SUN
ORGANIZE CLUTTER	☐	☐	☐	☐	☐	☐	☐
WIPE TABLES	☐	☐	☐	☐	☐	☐	☐
	☐	☐	☐	☐	☐	☐	☐

WEEKLY	
DUST	☐
VACUUM/SWEEP/MOP FLOOR	☐
	☐
	☐

MONTHLY	
DUST BLINDS/WASH CURTAINS	☐
WASH WINDOWS	☐
	☐
	☐

GARAGE

DAILY	MON	TUE	WED	THU	FRI	SAT	SUN
ORGANIZE CLUTTER	☐	☐	☐	☐	☐	☐	☐
	☐	☐	☐	☐	☐	☐	☐

WEEKLY	
SWEEP GARAGE FLOOR	☐
	☐
	☐

MONTHLY	
DUST SHELVES	☐
	☐
	☐

YARD

DAILY	MON	TUE	WED	THU	FRI	SAT	SUN
WATER PLANTS	☐	☐	☐	☐	☐	☐	☐

WEEKLY	
SWEEP	☐
	☐

MONTHLY	
TRIM PLANTS	☐
	☐

CLEANING CHECKLIST

ROOM:								
DAILY		MON	TUE	WED	THU	FRI	SAT	SUN
		☐	☐	☐	☐	☐	☐	☐
		☐	☐	☐	☐	☐	☐	☐
		☐	☐	☐	☐	☐	☐	☐
		☐	☐	☐	☐	☐	☐	☐
		☐	☐	☐	☐	☐	☐	☐
		☐	☐	☐	☐	☐	☐	☐
		☐	☐	☐	☐	☐	☐	☐

WEEKLY		MONTHLY	
	☐		☐
	☐		☐
	☐		☐
	☐		☐
	☐		☐
	☐		☐
	☐		☐

ROOM:								
DAILY		MON	TUE	WED	THU	FRI	SAT	SUN
		☐	☐	☐	☐	☐	☐	☐
		☐	☐	☐	☐	☐	☐	☐
		☐	☐	☐	☐	☐	☐	☐
		☐	☐	☐	☐	☐	☐	☐
		☐	☐	☐	☐	☐	☐	☐
		☐	☐	☐	☐	☐	☐	☐
		☐	☐	☐	☐	☐	☐	☐

WEEKLY		MONTHLY	
	☐		☐
	☐		☐
	☐		☐
	☐		☐
	☐		☐
	☐		☐
	☐		☐

ROOM:								
DAILY		MON	TUE	WED	THU	FRI	SAT	SUN
		☐	☐	☐	☐	☐	☐	☐
		☐	☐	☐	☐	☐	☐	☐
		☐	☐	☐	☐	☐	☐	☐
		☐	☐	☐	☐	☐	☐	☐
		☐	☐	☐	☐	☐	☐	☐
		☐	☐	☐	☐	☐	☐	☐
		☐	☐	☐	☐	☐	☐	☐

WEEKLY		MONTHLY	
	☐		☐
	☐		☐
	☐		☐
	☐		☐
	☐		☐
	☐		☐
	☐		☐

ROOM:								
DAILY		MON	TUE	WED	THU	FRI	SAT	SUN
		☐	☐	☐	☐	☐	☐	☐
		☐	☐	☐	☐	☐	☐	☐
		☐	☐	☐	☐	☐	☐	☐
		☐	☐	☐	☐	☐	☐	☐
		☐	☐	☐	☐	☐	☐	☐
		☐	☐	☐	☐	☐	☐	☐
		☐	☐	☐	☐	☐	☐	☐

WEEKLY		MONTHLY	
	☐		☐
	☐		☐
	☐		☐
	☐		☐
	☐		☐
	☐		☐
	☐		☐

CLEANING CHECKLIST

KITCHEN

DAILY	MON	TUE	WED	THU	FRI	SAT	SUN
CLEAR AND WIPE TABLE	☐	☐	☐	☐	☐	☐	☐
WASH DISHES	☐	☐	☐	☐	☐	☐	☐
WIPE DOWN COUNTERTOP/STOVE	☐	☐	☐	☐	☐	☐	☐
CLEAN THE SINK	☐	☐	☐	☐	☐	☐	☐
TAKE OUT TRASH	☐	☐	☐	☐	☐	☐	☐
SPOT CLEAN THE FLOOR	☐	☐	☐	☐	☐	☐	☐
	☐	☐	☐	☐	☐	☐	☐

WEEKLY	
ORGANIZE FRIDGE	☐
DISCARD OLD FOOD	☐
WIPE DOWN APPLIANCES	☐
VACUUM/SWEEP/MOP FLOOR	☐
ORGANIZE CUPBOARD	☐
SPOT CLEAN THE FLOOR	☐
WIPE FRIDGE	☐
	☐

MONTHLY	
CLEAN WINDOWS	☐
WIPE CUPBOARD DOORS	☐
CLEAN OVEN AND RANGE	☐
CLEAN APPLIANCES	☐
	☐
	☐
	☐
	☐

BATHROOM

DAILY	MON	TUE	WED	THU	FRI	SAT	SUN
WIPE THE MIRROR	☐	☐	☐	☐	☐	☐	☐
WIPE COUNTERTOP	☐	☐	☐	☐	☐	☐	☐
CLEAN TOILET	☐	☐	☐	☐	☐	☐	☐
SQUEEGEE SHOWER DOOR	☐	☐	☐	☐	☐	☐	☐
	☐	☐	☐	☐	☐	☐	☐
	☐	☐	☐	☐	☐	☐	☐

WEEKLY	
CLEAN SINK/COUNTERTOP	☐
CLEAN TUB	☐
CLEAN TOILET	☐
EMPTY TRASH	☐
MOP FLOOR	☐
	☐
	☐

MONTHLY	
CLEAN WINDOWS	☐
WASH RUGS	☐
SCRUB TUB	☐
	☐
	☐
	☐
	☐

LIVING ROOM

DAILY	MON	TUE	WED	THU	FRI	SAT	SUN
ORGANIZE CLUTTER	☐	☐	☐	☐	☐	☐	☐
WIPE TABLES	☐	☐	☐	☐	☐	☐	☐
STRAIGHTEN CUSHIONS	☐	☐	☐	☐	☐	☐	☐

WEEKLY	
DUST TABLES & SHELVES	☐
VACUUM/SWEEP/MOP FLOOR	☐
	☐
	☐

MONTHLY	
DUST BLINDS/WASH CURTAINS	☐
WASH WINDOWS	☐
	☐
	☐

DINING ROOM

DAILY	MON	TUE	WED	THU	FRI	SAT	SUN
ORGANIZE CLUTTER	☐	☐	☐	☐	☐	☐	☐
WIPE TABLES	☐	☐	☐	☐	☐	☐	☐
	☐	☐	☐	☐	☐	☐	☐

WEEKLY	
DUST	☐
VACUUM/SWEEP/MOP FLOOR	☐
	☐
	☐

MONTHLY	
DUST BLINDS/WASH CURTAINS	☐
WASH WINDOWS	☐
	☐
	☐

GARAGE

DAILY	MON	TUE	WED	THU	FRI	SAT	SUN
ORGANIZE CLUTTER	☐	☐	☐	☐	☐	☐	☐
	☐	☐	☐	☐	☐	☐	☐

WEEKLY	
SWEEP GARAGE FLOOR	☐
	☐
	☐

MONTHLY	
DUST SHELVES	☐
	☐
	☐

YARD

DAILY	MON	TUE	WED	THU	FRI	SAT	SUN
WATER PLANTS	☐	☐	☐	☐	☐	☐	☐

WEEKLY	
SWEEP	☐
	☐

MONTHLY	
TRIM PLANTS	☐
	☐

CLEANING CHECKLIST

ROOM:									WEEKLY		MONTHLY	
DAILY	MON	TUE	WED	THU	FRI	SAT	SUN			☐		☐
	☐	☐	☐	☐	☐	☐	☐			☐		☐
	☐	☐	☐	☐	☐	☐	☐			☐		☐
	☐	☐	☐	☐	☐	☐	☐			☐		☐
	☐	☐	☐	☐	☐	☐	☐			☐		☐
	☐	☐	☐	☐	☐	☐	☐			☐		☐
	☐	☐	☐	☐	☐	☐	☐			☐		☐
	☐	☐	☐	☐	☐	☐	☐			☐		☐

ROOM:									WEEKLY		MONTHLY	
DAILY	MON	TUE	WED	THU	FRI	SAT	SUN			☐		☐
	☐	☐	☐	☐	☐	☐	☐			☐		☐
	☐	☐	☐	☐	☐	☐	☐			☐		☐
	☐	☐	☐	☐	☐	☐	☐			☐		☐
	☐	☐	☐	☐	☐	☐	☐			☐		☐
	☐	☐	☐	☐	☐	☐	☐			☐		☐
	☐	☐	☐	☐	☐	☐	☐			☐		☐
	☐	☐	☐	☐	☐	☐	☐			☐		☐

ROOM:									WEEKLY		MONTHLY	
DAILY	MON	TUE	WED	THU	FRI	SAT	SUN			☐		☐
	☐	☐	☐	☐	☐	☐	☐			☐		☐
	☐	☐	☐	☐	☐	☐	☐			☐		☐
	☐	☐	☐	☐	☐	☐	☐			☐		☐
	☐	☐	☐	☐	☐	☐	☐			☐		☐
	☐	☐	☐	☐	☐	☐	☐			☐		☐
	☐	☐	☐	☐	☐	☐	☐			☐		☐
	☐	☐	☐	☐	☐	☐	☐			☐		☐

ROOM:									WEEKLY		MONTHLY	
DAILY	MON	TUE	WED	THU	FRI	SAT	SUN			☐		☐
	☐	☐	☐	☐	☐	☐	☐			☐		☐
	☐	☐	☐	☐	☐	☐	☐			☐		☐
	☐	☐	☐	☐	☐	☐	☐			☐		☐
	☐	☐	☐	☐	☐	☐	☐			☐		☐
	☐	☐	☐	☐	☐	☐	☐			☐		☐
	☐	☐	☐	☐	☐	☐	☐			☐		☐
	☐	☐	☐	☐	☐	☐	☐			☐		☐

CLEANING CHECKLIST

KITCHEN

DAILY	MON	TUE	WED	THU	FRI	SAT	SUN
CLEAR AND WIPE TABLE	☐	☐	☐	☐	☐	☐	☐
WASH DISHES	☐	☐	☐	☐	☐	☐	☐
WIPE DOWN COUNTERTOP/STOVE	☐	☐	☐	☐	☐	☐	☐
CLEAN THE SINK	☐	☐	☐	☐	☐	☐	☐
TAKE OUT TRASH	☐	☐	☐	☐	☐	☐	☐
SPOT CLEAN THE FLOOR	☐	☐	☐	☐	☐	☐	☐
	☐	☐	☐	☐	☐	☐	☐

WEEKLY	
ORGANIZE FRIDGE	☐
DISCARD OLD FOOD	☐
WIPE DOWN APPLIANCES	☐
VACUUM/SWEEP/MOP FLOOR	☐
ORGANIZE CUPBOARD	☐
SPOT CLEAN THE FLOOR	☐
WIPE FRIDGE	☐
	☐

MONTHLY	
CLEAN WINDOWS	☐
WIPE CUPBOARD DOORS	☐
CLEAN OVEN AND RANGE	☐
CLEAN APPLIANCES	☐
	☐
	☐
	☐
	☐

BATHROOM

DAILY	MON	TUE	WED	THU	FRI	SAT	SUN
WIPE THE MIRROR	☐	☐	☐	☐	☐	☐	☐
WIPE COUNTERTOP	☐	☐	☐	☐	☐	☐	☐
CLEAN TOILET	☐	☐	☐	☐	☐	☐	☐
SQUEEGEE SHOWER DOOR	☐	☐	☐	☐	☐	☐	☐
	☐	☐	☐	☐	☐	☐	☐
	☐	☐	☐	☐	☐	☐	☐

WEEKLY	
CLEAN SINK/COUNTERTOP	☐
CLEAN TUB	☐
CLEAN TOILET	☐
EMPTY TRASH	☐
MOP FLOOR	☐
	☐
	☐

MONTHLY	
CLEAN WINDOWS	☐
WASH RUGS	☐
SCRUB TUB	☐
	☐
	☐
	☐
	☐

LIVING ROOM

DAILY	MON	TUE	WED	THU	FRI	SAT	SUN
ORGANIZE CLUTTER	☐	☐	☐	☐	☐	☐	☐
WIPE TABLES	☐	☐	☐	☐	☐	☐	☐
STRAIGHTEN CUSHIONS	☐	☐	☐	☐	☐	☐	☐

WEEKLY	
DUST TABLES & SHELVES	☐
VACUUM/SWEEP/MOP FLOOR	☐
	☐
	☐

MONTHLY	
DUST BLINDS/WASH CURTAINS	☐
WASH WINDOWS	☐
	☐
	☐

DINING ROOM

DAILY	MON	TUE	WED	THU	FRI	SAT	SUN
ORGANIZE CLUTTER	☐	☐	☐	☐	☐	☐	☐
WIPE TABLES	☐	☐	☐	☐	☐	☐	☐
	☐	☐	☐	☐	☐	☐	☐

WEEKLY	
DUST	☐
VACUUM/SWEEP/MOP FLOOR	☐
	☐
	☐

MONTHLY	
DUST BLINDS/WASH CURTAINS	☐
WASH WINDOWS	☐
	☐
	☐

GARAGE

DAILY	MON	TUE	WED	THU	FRI	SAT	SUN
ORGANIZE CLUTTER	☐	☐	☐	☐	☐	☐	☐
	☐	☐	☐	☐	☐	☐	☐

WEEKLY	
SWEEP GARAGE FLOOR	☐
	☐
	☐

MONTHLY	
DUST SHELVES	☐
	☐
	☐

YARD

DAILY	MON	TUE	WED	THU	FRI	SAT	SUN
WATER PLANTS	☐	☐	☐	☐	☐	☐	☐

WEEKLY	
SWEEP	☐
	☐

MONTHLY	
TRIM PLANTS	☐
	☐

CLEANING CHECKLIST

ROOM:							
DAILY	MON	TUE	WED	THU	FRI	SAT	SUN
	☐	☐	☐	☐	☐	☐	☐
	☐	☐	☐	☐	☐	☐	☐
	☐	☐	☐	☐	☐	☐	☐
	☐	☐	☐	☐	☐	☐	☐
	☐	☐	☐	☐	☐	☐	☐
	☐	☐	☐	☐	☐	☐	☐
	☐	☐	☐	☐	☐	☐	☐

WEEKLY		MONTHLY	
	☐		☐
	☐		☐
	☐		☐
	☐		☐
	☐		☐
	☐		☐
	☐		☐

ROOM:							
DAILY	MON	TUE	WED	THU	FRI	SAT	SUN
	☐	☐	☐	☐	☐	☐	☐
	☐	☐	☐	☐	☐	☐	☐
	☐	☐	☐	☐	☐	☐	☐
	☐	☐	☐	☐	☐	☐	☐
	☐	☐	☐	☐	☐	☐	☐
	☐	☐	☐	☐	☐	☐	☐
	☐	☐	☐	☐	☐	☐	☐

WEEKLY		MONTHLY	
	☐		☐
	☐		☐
	☐		☐
	☐		☐
	☐		☐
	☐		☐
	☐		☐

ROOM:							
DAILY	MON	TUE	WED	THU	FRI	SAT	SUN
	☐	☐	☐	☐	☐	☐	☐
	☐	☐	☐	☐	☐	☐	☐
	☐	☐	☐	☐	☐	☐	☐
	☐	☐	☐	☐	☐	☐	☐
	☐	☐	☐	☐	☐	☐	☐
	☐	☐	☐	☐	☐	☐	☐
	☐	☐	☐	☐	☐	☐	☐

WEEKLY		MONTHLY	
	☐		☐
	☐		☐
	☐		☐
	☐		☐
	☐		☐
	☐		☐
	☐		☐

ROOM:							
DAILY	MON	TUE	WED	THU	FRI	SAT	SUN
	☐	☐	☐	☐	☐	☐	☐
	☐	☐	☐	☐	☐	☐	☐
	☐	☐	☐	☐	☐	☐	☐
	☐	☐	☐	☐	☐	☐	☐
	☐	☐	☐	☐	☐	☐	☐
	☐	☐	☐	☐	☐	☐	☐
	☐	☐	☐	☐	☐	☐	☐

WEEKLY		MONTHLY	
	☐		☐
	☐		☐
	☐		☐
	☐		☐
	☐		☐
	☐		☐
	☐		☐

CLEANING CHECKLIST

KITCHEN

DAILY	MON	TUE	WED	THU	FRI	SAT	SUN
CLEAR AND WIPE TABLE	☐	☐	☐	☐	☐	☐	☐
WASH DISHES	☐	☐	☐	☐	☐	☐	☐
WIPE DOWN COUNTERTOP/STOVE	☐	☐	☐	☐	☐	☐	☐
CLEAN THE SINK	☐	☐	☐	☐	☐	☐	☐
TAKE OUT TRASH	☐	☐	☐	☐	☐	☐	☐
SPOT CLEAN THE FLOOR	☐	☐	☐	☐	☐	☐	☐
	☐	☐	☐	☐	☐	☐	☐

WEEKLY	
ORGANIZE FRIDGE	☐
DISCARD OLD FOOD	☐
WIPE DOWN APPLIANCES	☐
VACUUM/SWEEP/MOP FLOOR	☐
ORGANIZE CUPBOARD	☐
SPOT CLEAN THE FLOOR	☐
WIPE FRIDGE	☐
	☐

MONTHLY	
CLEAN WINDOWS	☐
WIPE CUPBOARD DOORS	☐
CLEAN OVEN AND RANGE	☐
CLEAN APPLIANCES	☐
	☐
	☐
	☐
	☐

BATHROOM

DAILY	MON	TUE	WED	THU	FRI	SAT	SUN
WIPE THE MIRROR	☐	☐	☐	☐	☐	☐	☐
WIPE COUNTERTOP	☐	☐	☐	☐	☐	☐	☐
CLEAN TOILET	☐	☐	☐	☐	☐	☐	☐
SQUEEGEE SHOWER DOOR	☐	☐	☐	☐	☐	☐	☐
	☐	☐	☐	☐	☐	☐	☐
	☐	☐	☐	☐	☐	☐	☐

WEEKLY	
CLEAN SINK/COUNTERTOP	☐
CLEAN TUB	☐
CLEAN TOILET	☐
EMPTY TRASH	☐
MOP FLOOR	☐
	☐
	☐

MONTHLY	
CLEAN WINDOWS	☐
WASH RUGS	☐
SCRUB TUB	☐
	☐
	☐
	☐
	☐

LIVING ROOM

DAILY	MON	TUE	WED	THU	FRI	SAT	SUN
ORGANIZE CLUTTER	☐	☐	☐	☐	☐	☐	☐
WIPE TABLES	☐	☐	☐	☐	☐	☐	☐
STRAIGHTEN CUSHIONS	☐	☐	☐	☐	☐	☐	☐

WEEKLY	
DUST TABLES & SHELVES	☐
VACUUM/SWEEP/MOP FLOOR	☐
	☐
	☐

MONTHLY	
DUST BLINDS/WASH CURTAINS	☐
WASH WINDOWS	☐
	☐
	☐

DINING ROOM

DAILY	MON	TUE	WED	THU	FRI	SAT	SUN
ORGANIZE CLUTTER	☐	☐	☐	☐	☐	☐	☐
WIPE TABLES	☐	☐	☐	☐	☐	☐	☐
	☐	☐	☐	☐	☐	☐	☐

WEEKLY	
DUST	☐
VACUUM/SWEEP/MOP FLOOR	☐
	☐
	☐

MONTHLY	
DUST BLINDS/WASH CURTAINS	☐
WASH WINDOWS	☐
	☐
	☐

GARAGE

DAILY	MON	TUE	WED	THU	FRI	SAT	SUN
ORGANIZE CLUTTER	☐	☐	☐	☐	☐	☐	☐
	☐	☐	☐	☐	☐	☐	☐

WEEKLY	
SWEEP GARAGE FLOOR	☐
	☐
	☐

MONTHLY	
DUST SHELVES	☐
	☐
	☐

YARD

DAILY	MON	TUE	WED	THU	FRI	SAT	SUN
WATER PLANTS	☐	☐	☐	☐	☐	☐	☐

WEEKLY	
SWEEP	☐
	☐

MONTHLY	
TRIM PLANTS	☐
	☐

CLEANING CHECKLIST

ROOM:							
DAILY	MON	TUE	WED	THU	FRI	SAT	SUN
	☐	☐	☐	☐	☐	☐	☐
	☐	☐	☐	☐	☐	☐	☐
	☐	☐	☐	☐	☐	☐	☐
	☐	☐	☐	☐	☐	☐	☐
	☐	☐	☐	☐	☐	☐	☐
	☐	☐	☐	☐	☐	☐	☐
	☐	☐	☐	☐	☐	☐	☐

WEEKLY		MONTHLY	
	☐		☐
	☐		☐
	☐		☐
	☐		☐
	☐		☐
	☐		☐
	☐		☐

ROOM:							
DAILY	MON	TUE	WED	THU	FRI	SAT	SUN
	☐	☐	☐	☐	☐	☐	☐
	☐	☐	☐	☐	☐	☐	☐
	☐	☐	☐	☐	☐	☐	☐
	☐	☐	☐	☐	☐	☐	☐
	☐	☐	☐	☐	☐	☐	☐
	☐	☐	☐	☐	☐	☐	☐
	☐	☐	☐	☐	☐	☐	☐

WEEKLY		MONTHLY	
	☐		☐
	☐		☐
	☐		☐
	☐		☐
	☐		☐
	☐		☐
	☐		☐

ROOM:							
DAILY	MON	TUE	WED	THU	FRI	SAT	SUN
	☐	☐	☐	☐	☐	☐	☐
	☐	☐	☐	☐	☐	☐	☐
	☐	☐	☐	☐	☐	☐	☐
	☐	☐	☐	☐	☐	☐	☐
	☐	☐	☐	☐	☐	☐	☐
	☐	☐	☐	☐	☐	☐	☐
	☐	☐	☐	☐	☐	☐	☐

WEEKLY		MONTHLY	
	☐		☐
	☐		☐
	☐		☐
	☐		☐
	☐		☐
	☐		☐
	☐		☐

ROOM:							
DAILY	MON	TUE	WED	THU	FRI	SAT	SUN
	☐	☐	☐	☐	☐	☐	☐
	☐	☐	☐	☐	☐	☐	☐
	☐	☐	☐	☐	☐	☐	☐
	☐	☐	☐	☐	☐	☐	☐
	☐	☐	☐	☐	☐	☐	☐
	☐	☐	☐	☐	☐	☐	☐
	☐	☐	☐	☐	☐	☐	☐

WEEKLY		MONTHLY	
	☐		☐
	☐		☐
	☐		☐
	☐		☐
	☐		☐
	☐		☐
	☐		☐

CLEANING CHECKLIST

KITCHEN

DAILY	MON	TUE	WED	THU	FRI	SAT	SUN
CLEAR AND WIPE TABLE	☐	☐	☐	☐	☐	☐	☐
WASH DISHES	☐	☐	☐	☐	☐	☐	☐
WIPE DOWN COUNTERTOP/STOVE	☐	☐	☐	☐	☐	☐	☐
CLEAN THE SINK	☐	☐	☐	☐	☐	☐	☐
TAKE OUT TRASH	☐	☐	☐	☐	☐	☐	☐
SPOT CLEAN THE FLOOR	☐	☐	☐	☐	☐	☐	☐
	☐	☐	☐	☐	☐	☐	☐

WEEKLY	
ORGANIZE FRIDGE	☐
DISCARD OLD FOOD	☐
WIPE DOWN APPLIANCES	☐
VACUUM/SWEEP/MOP FLOOR	☐
ORGANIZE CUPBOARD	☐
SPOT CLEAN THE FLOOR	☐
WIPE FRIDGE	☐
	☐

MONTHLY	
CLEAN WINDOWS	☐
WIPE CUPBOARD DOORS	☐
CLEAN OVEN AND RANGE	☐
CLEAN APPLIANCES	☐
	☐
	☐
	☐
	☐

BATHROOM

DAILY	MON	TUE	WED	THU	FRI	SAT	SUN
WIPE THE MIRROR	☐	☐	☐	☐	☐	☐	☐
WIPE COUNTERTOP	☐	☐	☐	☐	☐	☐	☐
CLEAN TOILET	☐	☐	☐	☐	☐	☐	☐
SQUEEGEE SHOWER DOOR	☐	☐	☐	☐	☐	☐	☐
	☐	☐	☐	☐	☐	☐	☐
	☐	☐	☐	☐	☐	☐	☐

WEEKLY	
CLEAN SINK/COUNTERTOP	☐
CLEAN TUB	☐
CLEAN TOILET	☐
EMPTY TRASH	☐
MOP FLOOR	☐
	☐
	☐

MONTHLY	
CLEAN WINDOWS	☐
WASH RUGS	☐
SCRUB TUB	☐
	☐
	☐
	☐
	☐

LIVING ROOM

DAILY	MON	TUE	WED	THU	FRI	SAT	SUN
ORGANIZE CLUTTER	☐	☐	☐	☐	☐	☐	☐
WIPE TABLES	☐	☐	☐	☐	☐	☐	☐
STRAIGHTEN CUSHIONS	☐	☐	☐	☐	☐	☐	☐

WEEKLY	
DUST TABLES & SHELVES	☐
VACUUM/SWEEP/MOP FLOOR	☐
	☐
	☐

MONTHLY	
DUST BLINDS/WASH CURTAINS	☐
WASH WINDOWS	☐
	☐
	☐

DINING ROOM

DAILY	MON	TUE	WED	THU	FRI	SAT	SUN
ORGANIZE CLUTTER	☐	☐	☐	☐	☐	☐	☐
WIPE TABLES	☐	☐	☐	☐	☐	☐	☐
	☐	☐	☐	☐	☐	☐	☐

WEEKLY	
DUST	☐
VACUUM/SWEEP/MOP FLOOR	☐
	☐
	☐

MONTHLY	
DUST BLINDS/WASH CURTAINS	☐
WASH WINDOWS	☐
	☐
	☐

GARAGE

DAILY	MON	TUE	WED	THU	FRI	SAT	SUN
ORGANIZE CLUTTER	☐	☐	☐	☐	☐	☐	☐
	☐	☐	☐	☐	☐	☐	☐

WEEKLY	
SWEEP GARAGE FLOOR	☐
	☐
	☐

MONTHLY	
DUST SHELVES	☐
	☐
	☐

YARD

DAILY	MON	TUE	WED	THU	FRI	SAT	SUN
WATER PLANTS	☐	☐	☐	☐	☐	☐	☐

WEEKLY	
SWEEP	☐
	☐

MONTHLY	
TRIM PLANTS	☐
	☐

CLEANING CHECKLIST

ROOM:							
DAILY	MON	TUE	WED	THU	FRI	SAT	SUN
	☐	☐	☐	☐	☐	☐	☐
	☐	☐	☐	☐	☐	☐	☐
	☐	☐	☐	☐	☐	☐	☐
	☐	☐	☐	☐	☐	☐	☐
	☐	☐	☐	☐	☐	☐	☐
	☐	☐	☐	☐	☐	☐	☐
	☐	☐	☐	☐	☐	☐	☐

WEEKLY		MONTHLY	
	☐		☐
	☐		☐
	☐		☐
	☐		☐
	☐		☐
	☐		☐
	☐		☐

ROOM:							
DAILY	MON	TUE	WED	THU	FRI	SAT	SUN
	☐	☐	☐	☐	☐	☐	☐
	☐	☐	☐	☐	☐	☐	☐
	☐	☐	☐	☐	☐	☐	☐
	☐	☐	☐	☐	☐	☐	☐
	☐	☐	☐	☐	☐	☐	☐
	☐	☐	☐	☐	☐	☐	☐
	☐	☐	☐	☐	☐	☐	☐

WEEKLY		MONTHLY	
	☐		☐
	☐		☐
	☐		☐
	☐		☐
	☐		☐
	☐		☐
	☐		☐

ROOM:							
DAILY	MON	TUE	WED	THU	FRI	SAT	SUN
	☐	☐	☐	☐	☐	☐	☐
	☐	☐	☐	☐	☐	☐	☐
	☐	☐	☐	☐	☐	☐	☐
	☐	☐	☐	☐	☐	☐	☐
	☐	☐	☐	☐	☐	☐	☐
	☐	☐	☐	☐	☐	☐	☐
	☐	☐	☐	☐	☐	☐	☐

WEEKLY		MONTHLY	
	☐		☐
	☐		☐
	☐		☐
	☐		☐
	☐		☐
	☐		☐
	☐		☐

ROOM:							
DAILY	MON	TUE	WED	THU	FRI	SAT	SUN
	☐	☐	☐	☐	☐	☐	☐
	☐	☐	☐	☐	☐	☐	☐
	☐	☐	☐	☐	☐	☐	☐
	☐	☐	☐	☐	☐	☐	☐
	☐	☐	☐	☐	☐	☐	☐
	☐	☐	☐	☐	☐	☐	☐
	☐	☐	☐	☐	☐	☐	☐

WEEKLY		MONTHLY	
	☐		☐
	☐		☐
	☐		☐
	☐		☐
	☐		☐
	☐		☐
	☐		☐

CLEANING CHECKLIST

KITCHEN

DAILY	MON	TUE	WED	THU	FRI	SAT	SUN
CLEAR AND WIPE TABLE	☐	☐	☐	☐	☐	☐	☐
WASH DISHES	☐	☐	☐	☐	☐	☐	☐
WIPE DOWN COUNTERTOP/STOVE	☐	☐	☐	☐	☐	☐	☐
CLEAN THE SINK	☐	☐	☐	☐	☐	☐	☐
TAKE OUT TRASH	☐	☐	☐	☐	☐	☐	☐
SPOT CLEAN THE FLOOR	☐	☐	☐	☐	☐	☐	☐
	☐	☐	☐	☐	☐	☐	☐

WEEKLY	
ORGANIZE FRIDGE	☐
DISCARD OLD FOOD	☐
WIPE DOWN APPLIANCES	☐
VACUUM/SWEEP/MOP FLOOR	☐
ORGANIZE CUPBOARD	☐
SPOT CLEAN THE FLOOR	☐
WIPE FRIDGE	☐
	☐

MONTHLY	
CLEAN WINDOWS	☐
WIPE CUPBOARD DOORS	☐
CLEAN OVEN AND RANGE	☐
CLEAN APPLIANCES	☐
	☐
	☐
	☐
	☐

BATHROOM

DAILY	MON	TUE	WED	THU	FRI	SAT	SUN
WIPE THE MIRROR	☐	☐	☐	☐	☐	☐	☐
WIPE COUNTERTOP	☐	☐	☐	☐	☐	☐	☐
CLEAN TOILET	☐	☐	☐	☐	☐	☐	☐
SQUEEGEE SHOWER DOOR	☐	☐	☐	☐	☐	☐	☐
	☐	☐	☐	☐	☐	☐	☐
	☐	☐	☐	☐	☐	☐	☐

WEEKLY	
CLEAN SINK/COUNTERTOP	☐
CLEAN TUB	☐
CLEAN TOILET	☐
EMPTY TRASH	☐
MOP FLOOR	☐
	☐
	☐

MONTHLY	
CLEAN WINDOWS	☐
WASH RUGS	☐
SCRUB TUB	☐
	☐
	☐
	☐
	☐

LIVING ROOM

DAILY	MON	TUE	WED	THU	FRI	SAT	SUN
ORGANIZE CLUTTER	☐	☐	☐	☐	☐	☐	☐
WIPE TABLES	☐	☐	☐	☐	☐	☐	☐
STRAIGHTEN CUSHIONS	☐	☐	☐	☐	☐	☐	☐

WEEKLY	
DUST TABLES & SHELVES	☐
VACUUM/SWEEP/MOP FLOOR	☐
	☐
	☐

MONTHLY	
DUST BLINDS/WASH CURTAINS	☐
WASH WINDOWS	☐
	☐
	☐

DINING ROOM

DAILY	MON	TUE	WED	THU	FRI	SAT	SUN
ORGANIZE CLUTTER	☐	☐	☐	☐	☐	☐	☐
WIPE TABLES	☐	☐	☐	☐	☐	☐	☐
	☐	☐	☐	☐	☐	☐	☐

WEEKLY	
DUST	☐
VACUUM/SWEEP/MOP FLOOR	☐
	☐
	☐

MONTHLY	
DUST BLINDS/WASH CURTAINS	☐
WASH WINDOWS	☐
	☐
	☐

GARAGE

DAILY	MON	TUE	WED	THU	FRI	SAT	SUN
ORGANIZE CLUTTER	☐	☐	☐	☐	☐	☐	☐
	☐	☐	☐	☐	☐	☐	☐

WEEKLY	
SWEEP GARAGE FLOOR	☐
	☐
	☐

MONTHLY	
DUST SHELVES	☐
	☐
	☐

YARD

DAILY	MON	TUE	WED	THU	FRI	SAT	SUN
WATER PLANTS	☐	☐	☐	☐	☐	☐	☐

WEEKLY	
SWEEP	☐
	☐

MONTHLY	
TRIM PLANTS	☐
	☐

CLEANING CHECKLIST

ROOM:								
DAILY	MON	TUE	WED	THU	FRI	SAT	SUN	
	☐	☐	☐	☐	☐	☐	☐	
	☐	☐	☐	☐	☐	☐	☐	
	☐	☐	☐	☐	☐	☐	☐	
	☐	☐	☐	☐	☐	☐	☐	
	☐	☐	☐	☐	☐	☐	☐	
	☐	☐	☐	☐	☐	☐	☐	
	☐	☐	☐	☐	☐	☐	☐	

WEEKLY		MONTHLY	
	☐		☐
	☐		☐
	☐		☐
	☐		☐
	☐		☐
	☐		☐
	☐		☐

ROOM:								
DAILY	MON	TUE	WED	THU	FRI	SAT	SUN	
	☐	☐	☐	☐	☐	☐	☐	
	☐	☐	☐	☐	☐	☐	☐	
	☐	☐	☐	☐	☐	☐	☐	
	☐	☐	☐	☐	☐	☐	☐	
	☐	☐	☐	☐	☐	☐	☐	
	☐	☐	☐	☐	☐	☐	☐	
	☐	☐	☐	☐	☐	☐	☐	

WEEKLY		MONTHLY	
	☐		☐
	☐		☐
	☐		☐
	☐		☐
	☐		☐
	☐		☐
	☐		☐

ROOM:								
DAILY	MON	TUE	WED	THU	FRI	SAT	SUN	
	☐	☐	☐	☐	☐	☐	☐	
	☐	☐	☐	☐	☐	☐	☐	
	☐	☐	☐	☐	☐	☐	☐	
	☐	☐	☐	☐	☐	☐	☐	
	☐	☐	☐	☐	☐	☐	☐	
	☐	☐	☐	☐	☐	☐	☐	
	☐	☐	☐	☐	☐	☐	☐	

WEEKLY		MONTHLY	
	☐		☐
	☐		☐
	☐		☐
	☐		☐
	☐		☐
	☐		☐
	☐		☐

ROOM:								
DAILY	MON	TUE	WED	THU	FRI	SAT	SUN	
	☐	☐	☐	☐	☐	☐	☐	
	☐	☐	☐	☐	☐	☐	☐	
	☐	☐	☐	☐	☐	☐	☐	
	☐	☐	☐	☐	☐	☐	☐	
	☐	☐	☐	☐	☐	☐	☐	
	☐	☐	☐	☐	☐	☐	☐	
	☐	☐	☐	☐	☐	☐	☐	

WEEKLY		MONTHLY	
	☐		☐
	☐		☐
	☐		☐
	☐		☐
	☐		☐
	☐		☐
	☐		☐

CLEANING CHECKLIST

KITCHEN

DAILY	MON	TUE	WED	THU	FRI	SAT	SUN
CLEAR AND WIPE TABLE	☐	☐	☐	☐	☐	☐	☐
WASH DISHES	☐	☐	☐	☐	☐	☐	☐
WIPE DOWN COUNTERTOP/STOVE	☐	☐	☐	☐	☐	☐	☐
CLEAN THE SINK	☐	☐	☐	☐	☐	☐	☐
TAKE OUT TRASH	☐	☐	☐	☐	☐	☐	☐
SPOT CLEAN THE FLOOR	☐	☐	☐	☐	☐	☐	☐
	☐	☐	☐	☐	☐	☐	☐

WEEKLY	
ORGANIZE FRIDGE	☐
DISCARD OLD FOOD	☐
WIPE DOWN APPLIANCES	☐
VACUUM/SWEEP/MOP FLOOR	☐
ORGANIZE CUPBOARD	☐
SPOT CLEAN THE FLOOR	☐
WIPE FRIDGE	☐
	☐

MONTHLY	
CLEAN WINDOWS	☐
WIPE CUPBOARD DOORS	☐
CLEAN OVEN AND RANGE	☐
CLEAN APPLIANCES	☐
	☐
	☐
	☐
	☐

BATHROOM

DAILY	MON	TUE	WED	THU	FRI	SAT	SUN
WIPE THE MIRROR	☐	☐	☐	☐	☐	☐	☐
WIPE COUNTERTOP	☐	☐	☐	☐	☐	☐	☐
CLEAN TOILET	☐	☐	☐	☐	☐	☐	☐
SQUEEGEE SHOWER DOOR	☐	☐	☐	☐	☐	☐	☐
	☐	☐	☐	☐	☐	☐	☐
	☐	☐	☐	☐	☐	☐	☐

WEEKLY	
CLEAN SINK/COUNTERTOP	☐
CLEAN TUB	☐
CLEAN TOILET	☐
EMPTY TRASH	☐
MOP FLOOR	☐
	☐
	☐

MONTHLY	
CLEAN WINDOWS	☐
WASH RUGS	☐
SCRUB TUB	☐
	☐
	☐
	☐
	☐

LIVING ROOM

DAILY	MON	TUE	WED	THU	FRI	SAT	SUN
ORGANIZE CLUTTER	☐	☐	☐	☐	☐	☐	☐
WIPE TABLES	☐	☐	☐	☐	☐	☐	☐
STRAIGHTEN CUSHIONS	☐	☐	☐	☐	☐	☐	☐

WEEKLY	
DUST TABLES & SHELVES	☐
VACUUM/SWEEP/MOP FLOOR	☐
	☐
	☐

MONTHLY	
DUST BLINDS/WASH CURTAINS	☐
WASH WINDOWS	☐
	☐
	☐

DINING ROOM

DAILY	MON	TUE	WED	THU	FRI	SAT	SUN
ORGANIZE CLUTTER	☐	☐	☐	☐	☐	☐	☐
WIPE TABLES	☐	☐	☐	☐	☐	☐	☐
	☐	☐	☐	☐	☐	☐	☐

WEEKLY	
DUST	☐
VACUUM/SWEEP/MOP FLOOR	☐
	☐
	☐

MONTHLY	
DUST BLINDS/WASH CURTAINS	☐
WASH WINDOWS	☐
	☐
	☐

GARAGE

DAILY	MON	TUE	WED	THU	FRI	SAT	SUN
ORGANIZE CLUTTER	☐	☐	☐	☐	☐	☐	☐
	☐	☐	☐	☐	☐	☐	☐

WEEKLY	
SWEEP GARAGE FLOOR	☐
	☐
	☐

MONTHLY	
DUST SHELVES	☐
	☐
	☐

YARD

DAILY	MON	TUE	WED	THU	FRI	SAT	SUN
WATER PLANTS	☐	☐	☐	☐	☐	☐	☐

WEEKLY	
SWEEP	☐
	☐

MONTHLY	
TRIM PLANTS	☐
	☐

CLEANING CHECKLIST

ROOM:							
DAILY	MON	TUE	WED	THU	FRI	SAT	SUN
	☐	☐	☐	☐	☐	☐	☐
	☐	☐	☐	☐	☐	☐	☐
	☐	☐	☐	☐	☐	☐	☐
	☐	☐	☐	☐	☐	☐	☐
	☐	☐	☐	☐	☐	☐	☐
	☐	☐	☐	☐	☐	☐	☐
	☐	☐	☐	☐	☐	☐	☐

WEEKLY		MONTHLY	
	☐		☐
	☐		☐
	☐		☐
	☐		☐
	☐		☐
	☐		☐
	☐		☐

ROOM:							
DAILY	MON	TUE	WED	THU	FRI	SAT	SUN
	☐	☐	☐	☐	☐	☐	☐
	☐	☐	☐	☐	☐	☐	☐
	☐	☐	☐	☐	☐	☐	☐
	☐	☐	☐	☐	☐	☐	☐
	☐	☐	☐	☐	☐	☐	☐
	☐	☐	☐	☐	☐	☐	☐
	☐	☐	☐	☐	☐	☐	☐

WEEKLY		MONTHLY	
	☐		☐
	☐		☐
	☐		☐
	☐		☐
	☐		☐
	☐		☐
	☐		☐

ROOM:							
DAILY	MON	TUE	WED	THU	FRI	SAT	SUN
	☐	☐	☐	☐	☐	☐	☐
	☐	☐	☐	☐	☐	☐	☐
	☐	☐	☐	☐	☐	☐	☐
	☐	☐	☐	☐	☐	☐	☐
	☐	☐	☐	☐	☐	☐	☐
	☐	☐	☐	☐	☐	☐	☐
	☐	☐	☐	☐	☐	☐	☐

WEEKLY		MONTHLY	
	☐		☐
	☐		☐
	☐		☐
	☐		☐
	☐		☐
	☐		☐
	☐		☐

ROOM:							
DAILY	MON	TUE	WED	THU	FRI	SAT	SUN
	☐	☐	☐	☐	☐	☐	☐
	☐	☐	☐	☐	☐	☐	☐
	☐	☐	☐	☐	☐	☐	☐
	☐	☐	☐	☐	☐	☐	☐
	☐	☐	☐	☐	☐	☐	☐
	☐	☐	☐	☐	☐	☐	☐
	☐	☐	☐	☐	☐	☐	☐

WEEKLY		MONTHLY	
	☐		☐
	☐		☐
	☐		☐
	☐		☐
	☐		☐
	☐		☐
	☐		☐

CLEANING CHECKLIST

KITCHEN

DAILY	MON	TUE	WED	THU	FRI	SAT	SUN
CLEAR AND WIPE TABLE	☐	☐	☐	☐	☐	☐	☐
WASH DISHES	☐	☐	☐	☐	☐	☐	☐
WIPE DOWN COUNTERTOP/STOVE	☐	☐	☐	☐	☐	☐	☐
CLEAN THE SINK	☐	☐	☐	☐	☐	☐	☐
TAKE OUT TRASH	☐	☐	☐	☐	☐	☐	☐
SPOT CLEAN THE FLOOR	☐	☐	☐	☐	☐	☐	☐
	☐	☐	☐	☐	☐	☐	☐

WEEKLY	
ORGANIZE FRIDGE	☐
DISCARD OLD FOOD	☐
WIPE DOWN APPLIANCES	☐
VACUUM/SWEEP/MOP FLOOR	☐
ORGANIZE CUPBOARD	☐
SPOT CLEAN THE FLOOR	☐
WIPE FRIDGE	☐
	☐

MONTHLY	
CLEAN WINDOWS	☐
WIPE CUPBOARD DOORS	☐
CLEAN OVEN AND RANGE	☐
CLEAN APPLIANCES	☐
	☐
	☐
	☐
	☐

BATHROOM

DAILY	MON	TUE	WED	THU	FRI	SAT	SUN
WIPE THE MIRROR	☐	☐	☐	☐	☐	☐	☐
WIPE COUNTERTOP	☐	☐	☐	☐	☐	☐	☐
CLEAN TOILET	☐	☐	☐	☐	☐	☐	☐
SQUEEGEE SHOWER DOOR	☐	☐	☐	☐	☐	☐	☐
	☐	☐	☐	☐	☐	☐	☐
	☐	☐	☐	☐	☐	☐	☐

WEEKLY	
CLEAN SINK/COUNTERTOP	☐
CLEAN TUB	☐
CLEAN TOILET	☐
EMPTY TRASH	☐
MOP FLOOR	☐
	☐
	☐

MONTHLY	
CLEAN WINDOWS	☐
WASH RUGS	☐
SCRUB TUB	☐
	☐
	☐
	☐
	☐

LIVING ROOM

DAILY	MON	TUE	WED	THU	FRI	SAT	SUN
ORGANIZE CLUTTER	☐	☐	☐	☐	☐	☐	☐
WIPE TABLES	☐	☐	☐	☐	☐	☐	☐
STRAIGHTEN CUSHIONS	☐	☐	☐	☐	☐	☐	☐

WEEKLY	
DUST TABLES & SHELVES	☐
VACUUM/SWEEP/MOP FLOOR	☐
	☐
	☐

MONTHLY	
DUST BLINDS/WASH CURTAINS	☐
WASH WINDOWS	☐
	☐
	☐

DINING ROOM

DAILY	MON	TUE	WED	THU	FRI	SAT	SUN
ORGANIZE CLUTTER	☐	☐	☐	☐	☐	☐	☐
WIPE TABLES	☐	☐	☐	☐	☐	☐	☐
	☐	☐	☐	☐	☐	☐	☐

WEEKLY	
DUST	☐
VACUUM/SWEEP/MOP FLOOR	☐
	☐
	☐

MONTHLY	
DUST BLINDS/WASH CURTAINS	☐
WASH WINDOWS	☐
	☐
	☐

GARAGE

DAILY	MON	TUE	WED	THU	FRI	SAT	SUN
ORGANIZE CLUTTER	☐	☐	☐	☐	☐	☐	☐
	☐	☐	☐	☐	☐	☐	☐

WEEKLY	
SWEEP GARAGE FLOOR	☐
	☐
	☐

MONTHLY	
DUST SHELVES	☐
	☐
	☐

YARD

DAILY	MON	TUE	WED	THU	FRI	SAT	SUN
WATER PLANTS	☐	☐	☐	☐	☐	☐	☐

WEEKLY	
SWEEP	☐
	☐

MONTHLY	
TRIM PLANTS	☐
	☐

CLEANING CHECKLIST

ROOM:							
DAILY	MON	TUE	WED	THU	FRI	SAT	SUN
	☐	☐	☐	☐	☐	☐	☐
	☐	☐	☐	☐	☐	☐	☐
	☐	☐	☐	☐	☐	☐	☐
	☐	☐	☐	☐	☐	☐	☐
	☐	☐	☐	☐	☐	☐	☐
	☐	☐	☐	☐	☐	☐	☐
	☐	☐	☐	☐	☐	☐	☐

WEEKLY		MONTHLY	
	☐		☐
	☐		☐
	☐		☐
	☐		☐
	☐		☐
	☐		☐
	☐		☐

ROOM:							
DAILY	MON	TUE	WED	THU	FRI	SAT	SUN
	☐	☐	☐	☐	☐	☐	☐
	☐	☐	☐	☐	☐	☐	☐
	☐	☐	☐	☐	☐	☐	☐
	☐	☐	☐	☐	☐	☐	☐
	☐	☐	☐	☐	☐	☐	☐
	☐	☐	☐	☐	☐	☐	☐
	☐	☐	☐	☐	☐	☐	☐

WEEKLY		MONTHLY	
	☐		☐
	☐		☐
	☐		☐
	☐		☐
	☐		☐
	☐		☐
	☐		☐

ROOM:							
DAILY	MON	TUE	WED	THU	FRI	SAT	SUN
	☐	☐	☐	☐	☐	☐	☐
	☐	☐	☐	☐	☐	☐	☐
	☐	☐	☐	☐	☐	☐	☐
	☐	☐	☐	☐	☐	☐	☐
	☐	☐	☐	☐	☐	☐	☐
	☐	☐	☐	☐	☐	☐	☐
	☐	☐	☐	☐	☐	☐	☐

WEEKLY		MONTHLY	
	☐		☐
	☐		☐
	☐		☐
	☐		☐
	☐		☐
	☐		☐
	☐		☐

ROOM:							
DAILY	MON	TUE	WED	THU	FRI	SAT	SUN
	☐	☐	☐	☐	☐	☐	☐
	☐	☐	☐	☐	☐	☐	☐
	☐	☐	☐	☐	☐	☐	☐
	☐	☐	☐	☐	☐	☐	☐
	☐	☐	☐	☐	☐	☐	☐
	☐	☐	☐	☐	☐	☐	☐
	☐	☐	☐	☐	☐	☐	☐

WEEKLY		MONTHLY	
	☐		☐
	☐		☐
	☐		☐
	☐		☐
	☐		☐
	☐		☐
	☐		☐

CLEANING CHECKLIST

KITCHEN

DAILY	MON	TUE	WED	THU	FRI	SAT	SUN
CLEAR AND WIPE TABLE	☐	☐	☐	☐	☐	☐	☐
WASH DISHES	☐	☐	☐	☐	☐	☐	☐
WIPE DOWN COUNTERTOP/STOVE	☐	☐	☐	☐	☐	☐	☐
CLEAN THE SINK	☐	☐	☐	☐	☐	☐	☐
TAKE OUT TRASH	☐	☐	☐	☐	☐	☐	☐
SPOT CLEAN THE FLOOR	☐	☐	☐	☐	☐	☐	☐
	☐	☐	☐	☐	☐	☐	☐

WEEKLY	
ORGANIZE FRIDGE	☐
DISCARD OLD FOOD	☐
WIPE DOWN APPLIANCES	☐
VACUUM/SWEEP/MOP FLOOR	☐
ORGANIZE CUPBOARD	☐
SPOT CLEAN THE FLOOR	☐
WIPE FRIDGE	☐
	☐

MONTHLY	
CLEAN WINDOWS	☐
WIPE CUPBOARD DOORS	☐
CLEAN OVEN AND RANGE	☐
CLEAN APPLIANCES	☐
	☐
	☐
	☐
	☐

BATHROOM

DAILY	MON	TUE	WED	THU	FRI	SAT	SUN
WIPE THE MIRROR	☐	☐	☐	☐	☐	☐	☐
WIPE COUNTERTOP	☐	☐	☐	☐	☐	☐	☐
CLEAN TOILET	☐	☐	☐	☐	☐	☐	☐
SQUEEGEE SHOWER DOOR	☐	☐	☐	☐	☐	☐	☐
	☐	☐	☐	☐	☐	☐	☐
	☐	☐	☐	☐	☐	☐	☐

WEEKLY	
CLEAN SINK/COUNTERTOP	☐
CLEAN TUB	☐
CLEAN TOILET	☐
EMPTY TRASH	☐
MOP FLOOR	☐
	☐
	☐

MONTHLY	
CLEAN WINDOWS	☐
WASH RUGS	☐
SCRUB TUB	☐
	☐
	☐
	☐
	☐

LIVING ROOM

DAILY	MON	TUE	WED	THU	FRI	SAT	SUN
ORGANIZE CLUTTER	☐	☐	☐	☐	☐	☐	☐
WIPE TABLES	☐	☐	☐	☐	☐	☐	☐
STRAIGHTEN CUSHIONS	☐	☐	☐	☐	☐	☐	☐

WEEKLY	
DUST TABLES & SHELVES	☐
VACUUM/SWEEP/MOP FLOOR	☐
	☐
	☐

MONTHLY	
DUST BLINDS/WASH CURTAINS	☐
WASH WINDOWS	☐
	☐
	☐

DINING ROOM

DAILY	MON	TUE	WED	THU	FRI	SAT	SUN
ORGANIZE CLUTTER	☐	☐	☐	☐	☐	☐	☐
WIPE TABLES	☐	☐	☐	☐	☐	☐	☐
	☐	☐	☐	☐	☐	☐	☐

WEEKLY	
DUST	☐
VACUUM/SWEEP/MOP FLOOR	☐
	☐
	☐

MONTHLY	
DUST BLINDS/WASH CURTAINS	☐
WASH WINDOWS	☐
	☐
	☐

GARAGE

DAILY	MON	TUE	WED	THU	FRI	SAT	SUN
ORGANIZE CLUTTER	☐	☐	☐	☐	☐	☐	☐
	☐	☐	☐	☐	☐	☐	☐

WEEKLY	
SWEEP GARAGE FLOOR	☐
	☐
	☐

MONTHLY	
DUST SHELVES	☐
	☐
	☐

YARD

DAILY	MON	TUE	WED	THU	FRI	SAT	SUN
WATER PLANTS	☐	☐	☐	☐	☐	☐	☐

WEEKLY	
SWEEP	☐
	☐

MONTHLY	
TRIM PLANTS	☐
	☐

CLEANING CHECKLIST

ROOM:									WEEKLY		MONTHLY	
DAILY	MON	TUE	WED	THU	FRI	SAT	SUN			☐		☐
	☐	☐	☐	☐	☐	☐	☐			☐		☐
	☐	☐	☐	☐	☐	☐	☐			☐		☐
	☐	☐	☐	☐	☐	☐	☐			☐		☐
	☐	☐	☐	☐	☐	☐	☐			☐		☐
	☐	☐	☐	☐	☐	☐	☐			☐		☐
	☐	☐	☐	☐	☐	☐	☐			☐		☐
	☐	☐	☐	☐	☐	☐	☐			☐		☐

ROOM:									WEEKLY		MONTHLY	
DAILY	MON	TUE	WED	THU	FRI	SAT	SUN			☐		☐
	☐	☐	☐	☐	☐	☐	☐			☐		☐
	☐	☐	☐	☐	☐	☐	☐			☐		☐
	☐	☐	☐	☐	☐	☐	☐			☐		☐
	☐	☐	☐	☐	☐	☐	☐			☐		☐
	☐	☐	☐	☐	☐	☐	☐			☐		☐
	☐	☐	☐	☐	☐	☐	☐			☐		☐
	☐	☐	☐	☐	☐	☐	☐			☐		☐

ROOM:									WEEKLY		MONTHLY	
DAILY	MON	TUE	WED	THU	FRI	SAT	SUN			☐		☐
	☐	☐	☐	☐	☐	☐	☐			☐		☐
	☐	☐	☐	☐	☐	☐	☐			☐		☐
	☐	☐	☐	☐	☐	☐	☐			☐		☐
	☐	☐	☐	☐	☐	☐	☐			☐		☐
	☐	☐	☐	☐	☐	☐	☐			☐		☐
	☐	☐	☐	☐	☐	☐	☐			☐		☐
	☐	☐	☐	☐	☐	☐	☐			☐		☐

ROOM:									WEEKLY		MONTHLY	
DAILY	MON	TUE	WED	THU	FRI	SAT	SUN			☐		☐
	☐	☐	☐	☐	☐	☐	☐			☐		☐
	☐	☐	☐	☐	☐	☐	☐			☐		☐
	☐	☐	☐	☐	☐	☐	☐			☐		☐
	☐	☐	☐	☐	☐	☐	☐			☐		☐
	☐	☐	☐	☐	☐	☐	☐			☐		☐
	☐	☐	☐	☐	☐	☐	☐			☐		☐
	☐	☐	☐	☐	☐	☐	☐			☐		☐

CLEANING CHECKLIST

KITCHEN

DAILY	MON	TUE	WED	THU	FRI	SAT	SUN
CLEAR AND WIPE TABLE	☐	☐	☐	☐	☐	☐	☐
WASH DISHES	☐	☐	☐	☐	☐	☐	☐
WIPE DOWN COUNTERTOP/STOVE	☐	☐	☐	☐	☐	☐	☐
CLEAN THE SINK	☐	☐	☐	☐	☐	☐	☐
TAKE OUT TRASH	☐	☐	☐	☐	☐	☐	☐
SPOT CLEAN THE FLOOR	☐	☐	☐	☐	☐	☐	☐
	☐	☐	☐	☐	☐	☐	☐

WEEKLY	
ORGANIZE FRIDGE	☐
DISCARD OLD FOOD	☐
WIPE DOWN APPLIANCES	☐
VACUUM/SWEEP/MOP FLOOR	☐
ORGANIZE CUPBOARD	☐
SPOT CLEAN THE FLOOR	☐
WIPE FRIDGE	☐
	☐

MONTHLY	
CLEAN WINDOWS	☐
WIPE CUPBOARD DOORS	☐
CLEAN OVEN AND RANGE	☐
CLEAN APPLIANCES	☐
	☐
	☐
	☐
	☐

BATHROOM

DAILY	MON	TUE	WED	THU	FRI	SAT	SUN
WIPE THE MIRROR	☐	☐	☐	☐	☐	☐	☐
WIPE COUNTERTOP	☐	☐	☐	☐	☐	☐	☐
CLEAN TOILET	☐	☐	☐	☐	☐	☐	☐
SQUEEGEE SHOWER DOOR	☐	☐	☐	☐	☐	☐	☐
	☐	☐	☐	☐	☐	☐	☐
	☐	☐	☐	☐	☐	☐	☐

WEEKLY	
CLEAN SINK/COUNTERTOP	☐
CLEAN TUB	☐
CLEAN TOILET	☐
EMPTY TRASH	☐
MOP FLOOR	☐
	☐
	☐

MONTHLY	
CLEAN WINDOWS	☐
WASH RUGS	☐
SCRUB TUB	☐
	☐
	☐
	☐
	☐

LIVING ROOM

DAILY	MON	TUE	WED	THU	FRI	SAT	SUN
ORGANIZE CLUTTER	☐	☐	☐	☐	☐	☐	☐
WIPE TABLES	☐	☐	☐	☐	☐	☐	☐
STRAIGHTEN CUSHIONS	☐	☐	☐	☐	☐	☐	☐

WEEKLY	
DUST TABLES & SHELVES	☐
VACUUM/SWEEP/MOP FLOOR	☐
	☐
	☐

MONTHLY	
DUST BLINDS/WASH CURTAINS	☐
WASH WINDOWS	☐
	☐
	☐

DINING ROOM

DAILY	MON	TUE	WED	THU	FRI	SAT	SUN
ORGANIZE CLUTTER	☐	☐	☐	☐	☐	☐	☐
WIPE TABLES	☐	☐	☐	☐	☐	☐	☐
	☐	☐	☐	☐	☐	☐	☐

WEEKLY	
DUST	☐
VACUUM/SWEEP/MOP FLOOR	☐
	☐
	☐

MONTHLY	
DUST BLINDS/WASH CURTAINS	☐
WASH WINDOWS	☐
	☐
	☐

GARAGE

DAILY	MON	TUE	WED	THU	FRI	SAT	SUN
ORGANIZE CLUTTER	☐	☐	☐	☐	☐	☐	☐
	☐	☐	☐	☐	☐	☐	☐

WEEKLY	
SWEEP GARAGE FLOOR	☐
	☐
	☐

MONTHLY	
DUST SHELVES	☐
	☐
	☐

YARD

DAILY	MON	TUE	WED	THU	FRI	SAT	SUN
WATER PLANTS	☐	☐	☐	☐	☐	☐	☐

WEEKLY	
SWEEP	☐
	☐

MONTHLY	
TRIM PLANTS	☐
	☐

CLEANING CHECKLIST

ROOM:								
DAILY	MON	TUE	WED	THU	FRI	SAT	SUN	
	☐	☐	☐	☐	☐	☐	☐	
	☐	☐	☐	☐	☐	☐	☐	
	☐	☐	☐	☐	☐	☐	☐	
	☐	☐	☐	☐	☐	☐	☐	
	☐	☐	☐	☐	☐	☐	☐	
	☐	☐	☐	☐	☐	☐	☐	
	☐	☐	☐	☐	☐	☐	☐	

WEEKLY		MONTHLY	
	☐		☐
	☐		☐
	☐		☐
	☐		☐
	☐		☐
	☐		☐
	☐		☐

ROOM:								
DAILY	MON	TUE	WED	THU	FRI	SAT	SUN	
	☐	☐	☐	☐	☐	☐	☐	
	☐	☐	☐	☐	☐	☐	☐	
	☐	☐	☐	☐	☐	☐	☐	
	☐	☐	☐	☐	☐	☐	☐	
	☐	☐	☐	☐	☐	☐	☐	
	☐	☐	☐	☐	☐	☐	☐	
	☐	☐	☐	☐	☐	☐	☐	

WEEKLY		MONTHLY	
	☐		☐
	☐		☐
	☐		☐
	☐		☐
	☐		☐
	☐		☐
	☐		☐

ROOM:								
DAILY	MON	TUE	WED	THU	FRI	SAT	SUN	
	☐	☐	☐	☐	☐	☐	☐	
	☐	☐	☐	☐	☐	☐	☐	
	☐	☐	☐	☐	☐	☐	☐	
	☐	☐	☐	☐	☐	☐	☐	
	☐	☐	☐	☐	☐	☐	☐	
	☐	☐	☐	☐	☐	☐	☐	
	☐	☐	☐	☐	☐	☐	☐	

WEEKLY		MONTHLY	
	☐		☐
	☐		☐
	☐		☐
	☐		☐
	☐		☐
	☐		☐
	☐		☐

ROOM:								
DAILY	MON	TUE	WED	THU	FRI	SAT	SUN	
	☐	☐	☐	☐	☐	☐	☐	
	☐	☐	☐	☐	☐	☐	☐	
	☐	☐	☐	☐	☐	☐	☐	
	☐	☐	☐	☐	☐	☐	☐	
	☐	☐	☐	☐	☐	☐	☐	
	☐	☐	☐	☐	☐	☐	☐	
	☐	☐	☐	☐	☐	☐	☐	

WEEKLY		MONTHLY	
	☐		☐
	☐		☐
	☐		☐
	☐		☐
	☐		☐
	☐		☐
	☐		☐

CLEANING CHECKLIST

KITCHEN

DAILY	MON	TUE	WED	THU	FRI	SAT	SUN
CLEAR AND WIPE TABLE	☐	☐	☐	☐	☐	☐	☐
WASH DISHES	☐	☐	☐	☐	☐	☐	☐
WIPE DOWN COUNTERTOP/STOVE	☐	☐	☐	☐	☐	☐	☐
CLEAN THE SINK	☐	☐	☐	☐	☐	☐	☐
TAKE OUT TRASH	☐	☐	☐	☐	☐	☐	☐
SPOT CLEAN THE FLOOR	☐	☐	☐	☐	☐	☐	☐
	☐	☐	☐	☐	☐	☐	☐

WEEKLY	
ORGANIZE FRIDGE	☐
DISCARD OLD FOOD	☐
WIPE DOWN APPLIANCES	☐
VACUUM/SWEEP/MOP FLOOR	☐
ORGANIZE CUPBOARD	☐
SPOT CLEAN THE FLOOR	☐
WIPE FRIDGE	☐
	☐

MONTHLY	
CLEAN WINDOWS	☐
WIPE CUPBOARD DOORS	☐
CLEAN OVEN AND RANGE	☐
CLEAN APPLIANCES	☐
	☐
	☐
	☐
	☐

BATHROOM

DAILY	MON	TUE	WED	THU	FRI	SAT	SUN
WIPE THE MIRROR	☐	☐	☐	☐	☐	☐	☐
WIPE COUNTERTOP	☐	☐	☐	☐	☐	☐	☐
CLEAN TOILET	☐	☐	☐	☐	☐	☐	☐
SQUEEGEE SHOWER DOOR	☐	☐	☐	☐	☐	☐	☐
	☐	☐	☐	☐	☐	☐	☐
	☐	☐	☐	☐	☐	☐	☐

WEEKLY	
CLEAN SINK/COUNTERTOP	☐
CLEAN TUB	☐
CLEAN TOILET	☐
EMPTY TRASH	☐
MOP FLOOR	☐
	☐
	☐

MONTHLY	
CLEAN WINDOWS	☐
WASH RUGS	☐
SCRUB TUB	☐
	☐
	☐
	☐
	☐

LIVING ROOM

DAILY	MON	TUE	WED	THU	FRI	SAT	SUN
ORGANIZE CLUTTER	☐	☐	☐	☐	☐	☐	☐
WIPE TABLES	☐	☐	☐	☐	☐	☐	☐
STRAIGHTEN CUSHIONS	☐	☐	☐	☐	☐	☐	☐

WEEKLY	
DUST TABLES & SHELVES	☐
VACUUM/SWEEP/MOP FLOOR	☐
	☐
	☐

MONTHLY	
DUST BLINDS/WASH CURTAINS	☐
WASH WINDOWS	☐
	☐
	☐

DINING ROOM

DAILY	MON	TUE	WED	THU	FRI	SAT	SUN
ORGANIZE CLUTTER	☐	☐	☐	☐	☐	☐	☐
WIPE TABLES	☐	☐	☐	☐	☐	☐	☐
	☐	☐	☐	☐	☐	☐	☐

WEEKLY	
DUST	☐
VACUUM/SWEEP/MOP FLOOR	☐
	☐
	☐

MONTHLY	
DUST BLINDS/WASH CURTAINS	☐
WASH WINDOWS	☐
	☐
	☐

GARAGE

DAILY	MON	TUE	WED	THU	FRI	SAT	SUN
ORGANIZE CLUTTER	☐	☐	☐	☐	☐	☐	☐
	☐	☐	☐	☐	☐	☐	☐

WEEKLY	
SWEEP GARAGE FLOOR	☐
	☐
	☐

MONTHLY	
DUST SHELVES	☐
	☐
	☐

YARD

DAILY	MON	TUE	WED	THU	FRI	SAT	SUN
WATER PLANTS	☐	☐	☐	☐	☐	☐	☐

WEEKLY	
SWEEP	☐
	☐

MONTHLY	
TRIM PLANTS	☐
	☐

CLEANING CHECKLIST

ROOM:							
DAILY	MON	TUE	WED	THU	FRI	SAT	SUN
	☐	☐	☐	☐	☐	☐	☐
	☐	☐	☐	☐	☐	☐	☐
	☐	☐	☐	☐	☐	☐	☐
	☐	☐	☐	☐	☐	☐	☐
	☐	☐	☐	☐	☐	☐	☐
	☐	☐	☐	☐	☐	☐	☐
	☐	☐	☐	☐	☐	☐	☐

WEEKLY		MONTHLY	
	☐		☐
	☐		☐
	☐		☐
	☐		☐
	☐		☐
	☐		☐
	☐		☐

ROOM:							
DAILY	MON	TUE	WED	THU	FRI	SAT	SUN
	☐	☐	☐	☐	☐	☐	☐
	☐	☐	☐	☐	☐	☐	☐
	☐	☐	☐	☐	☐	☐	☐
	☐	☐	☐	☐	☐	☐	☐
	☐	☐	☐	☐	☐	☐	☐
	☐	☐	☐	☐	☐	☐	☐
	☐	☐	☐	☐	☐	☐	☐

WEEKLY		MONTHLY	
	☐		☐
	☐		☐
	☐		☐
	☐		☐
	☐		☐
	☐		☐
	☐		☐

ROOM:							
DAILY	MON	TUE	WED	THU	FRI	SAT	SUN
	☐	☐	☐	☐	☐	☐	☐
	☐	☐	☐	☐	☐	☐	☐
	☐	☐	☐	☐	☐	☐	☐
	☐	☐	☐	☐	☐	☐	☐
	☐	☐	☐	☐	☐	☐	☐
	☐	☐	☐	☐	☐	☐	☐
	☐	☐	☐	☐	☐	☐	☐

WEEKLY		MONTHLY	
	☐		☐
	☐		☐
	☐		☐
	☐		☐
	☐		☐
	☐		☐
	☐		☐

ROOM:							
DAILY	MON	TUE	WED	THU	FRI	SAT	SUN
	☐	☐	☐	☐	☐	☐	☐
	☐	☐	☐	☐	☐	☐	☐
	☐	☐	☐	☐	☐	☐	☐
	☐	☐	☐	☐	☐	☐	☐
	☐	☐	☐	☐	☐	☐	☐
	☐	☐	☐	☐	☐	☐	☐
	☐	☐	☐	☐	☐	☐	☐

WEEKLY		MONTHLY	
	☐		☐
	☐		☐
	☐		☐
	☐		☐
	☐		☐
	☐		☐
	☐		☐

CLEANING CHECKLIST

KITCHEN

DAILY	MON	TUE	WED	THU	FRI	SAT	SUN
CLEAR AND WIPE TABLE	☐	☐	☐	☐	☐	☐	☐
WASH DISHES	☐	☐	☐	☐	☐	☐	☐
WIPE DOWN COUNTERTOP/STOVE	☐	☐	☐	☐	☐	☐	☐
CLEAN THE SINK	☐	☐	☐	☐	☐	☐	☐
TAKE OUT TRASH	☐	☐	☐	☐	☐	☐	☐
SPOT CLEAN THE FLOOR	☐	☐	☐	☐	☐	☐	☐
	☐	☐	☐	☐	☐	☐	☐

WEEKLY	
ORGANIZE FRIDGE	☐
DISCARD OLD FOOD	☐
WIPE DOWN APPLIANCES	☐
VACUUM/SWEEP/MOP FLOOR	☐
ORGANIZE CUPBOARD	☐
SPOT CLEAN THE FLOOR	☐
WIPE FRIDGE	☐
	☐

MONTHLY	
CLEAN WINDOWS	☐
WIPE CUPBOARD DOORS	☐
CLEAN OVEN AND RANGE	☐
CLEAN APPLIANCES	☐
	☐
	☐
	☐
	☐

BATHROOM

DAILY	MON	TUE	WED	THU	FRI	SAT	SUN
WIPE THE MIRROR	☐	☐	☐	☐	☐	☐	☐
WIPE COUNTERTOP	☐	☐	☐	☐	☐	☐	☐
CLEAN TOILET	☐	☐	☐	☐	☐	☐	☐
SQUEEGEE SHOWER DOOR	☐	☐	☐	☐	☐	☐	☐
	☐	☐	☐	☐	☐	☐	☐
	☐	☐	☐	☐	☐	☐	☐

WEEKLY	
CLEAN SINK/COUNTERTOP	☐
CLEAN TUB	☐
CLEAN TOILET	☐
EMPTY TRASH	☐
MOP FLOOR	☐
	☐
	☐

MONTHLY	
CLEAN WINDOWS	☐
WASH RUGS	☐
SCRUB TUB	☐
	☐
	☐
	☐
	☐

LIVING ROOM

DAILY	MON	TUE	WED	THU	FRI	SAT	SUN
ORGANIZE CLUTTER	☐	☐	☐	☐	☐	☐	☐
WIPE TABLES	☐	☐	☐	☐	☐	☐	☐
STRAIGHTEN CUSHIONS	☐	☐	☐	☐	☐	☐	☐

WEEKLY	
DUST TABLES & SHELVES	☐
VACUUM/SWEEP/MOP FLOOR	☐
	☐
	☐

MONTHLY	
DUST BLINDS/WASH CURTAINS	☐
WASH WINDOWS	☐
	☐
	☐

DINING ROOM

DAILY	MON	TUE	WED	THU	FRI	SAT	SUN
ORGANIZE CLUTTER	☐	☐	☐	☐	☐	☐	☐
WIPE TABLES	☐	☐	☐	☐	☐	☐	☐
	☐	☐	☐	☐	☐	☐	☐

WEEKLY	
DUST	☐
VACUUM/SWEEP/MOP FLOOR	☐
	☐
	☐

MONTHLY	
DUST BLINDS/WASH CURTAINS	☐
WASH WINDOWS	☐
	☐
	☐

GARAGE

DAILY	MON	TUE	WED	THU	FRI	SAT	SUN
ORGANIZE CLUTTER	☐	☐	☐	☐	☐	☐	☐
	☐	☐	☐	☐	☐	☐	☐

WEEKLY	
SWEEP GARAGE FLOOR	☐
	☐
	☐

MONTHLY	
DUST SHELVES	☐
	☐
	☐

YARD

DAILY	MON	TUE	WED	THU	FRI	SAT	SUN
WATER PLANTS	☐	☐	☐	☐	☐	☐	☐

WEEKLY	
SWEEP	☐
	☐

MONTHLY	
TRIM PLANTS	☐
	☐

CLEANING CHECKLIST

ROOM:							
DAILY	MON	TUE	WED	THU	FRI	SAT	SUN
	☐	☐	☐	☐	☐	☐	☐
	☐	☐	☐	☐	☐	☐	☐
	☐	☐	☐	☐	☐	☐	☐
	☐	☐	☐	☐	☐	☐	☐
	☐	☐	☐	☐	☐	☐	☐
	☐	☐	☐	☐	☐	☐	☐
	☐	☐	☐	☐	☐	☐	☐

WEEKLY		MONTHLY	
	☐		☐
	☐		☐
	☐		☐
	☐		☐
	☐		☐
	☐		☐
	☐		☐

ROOM:							
DAILY	MON	TUE	WED	THU	FRI	SAT	SUN
	☐	☐	☐	☐	☐	☐	☐
	☐	☐	☐	☐	☐	☐	☐
	☐	☐	☐	☐	☐	☐	☐
	☐	☐	☐	☐	☐	☐	☐
	☐	☐	☐	☐	☐	☐	☐
	☐	☐	☐	☐	☐	☐	☐
	☐	☐	☐	☐	☐	☐	☐

WEEKLY		MONTHLY	
	☐		☐
	☐		☐
	☐		☐
	☐		☐
	☐		☐
	☐		☐
	☐		☐

ROOM:							
DAILY	MON	TUE	WED	THU	FRI	SAT	SUN
	☐	☐	☐	☐	☐	☐	☐
	☐	☐	☐	☐	☐	☐	☐
	☐	☐	☐	☐	☐	☐	☐
	☐	☐	☐	☐	☐	☐	☐
	☐	☐	☐	☐	☐	☐	☐
	☐	☐	☐	☐	☐	☐	☐
	☐	☐	☐	☐	☐	☐	☐

WEEKLY		MONTHLY	
	☐		☐
	☐		☐
	☐		☐
	☐		☐
	☐		☐
	☐		☐
	☐		☐

ROOM:							
DAILY	MON	TUE	WED	THU	FRI	SAT	SUN
	☐	☐	☐	☐	☐	☐	☐
	☐	☐	☐	☐	☐	☐	☐
	☐	☐	☐	☐	☐	☐	☐
	☐	☐	☐	☐	☐	☐	☐
	☐	☐	☐	☐	☐	☐	☐
	☐	☐	☐	☐	☐	☐	☐
	☐	☐	☐	☐	☐	☐	☐

WEEKLY		MONTHLY	
	☐		☐
	☐		☐
	☐		☐
	☐		☐
	☐		☐
	☐		☐
	☐		☐

CLEANING CHECKLIST

KITCHEN

DAILY	MON	TUE	WED	THU	FRI	SAT	SUN
CLEAR AND WIPE TABLE	☐	☐	☐	☐	☐	☐	☐
WASH DISHES	☐	☐	☐	☐	☐	☐	☐
WIPE DOWN COUNTERTOP/STOVE	☐	☐	☐	☐	☐	☐	☐
CLEAN THE SINK	☐	☐	☐	☐	☐	☐	☐
TAKE OUT TRASH	☐	☐	☐	☐	☐	☐	☐
SPOT CLEAN THE FLOOR	☐	☐	☐	☐	☐	☐	☐
	☐	☐	☐	☐	☐	☐	☐

WEEKLY	
ORGANIZE FRIDGE	☐
DISCARD OLD FOOD	☐
WIPE DOWN APPLIANCES	☐
VACUUM/SWEEP/MOP FLOOR	☐
ORGANIZE CUPBOARD	☐
SPOT CLEAN THE FLOOR	☐
WIPE FRIDGE	☐
	☐

MONTHLY	
CLEAN WINDOWS	☐
WIPE CUPBOARD DOORS	☐
CLEAN OVEN AND RANGE	☐
CLEAN APPLIANCES	☐
	☐
	☐
	☐
	☐

BATHROOM

DAILY	MON	TUE	WED	THU	FRI	SAT	SUN
WIPE THE MIRROR	☐	☐	☐	☐	☐	☐	☐
WIPE COUNTERTOP	☐	☐	☐	☐	☐	☐	☐
CLEAN TOILET	☐	☐	☐	☐	☐	☐	☐
SQUEEGEE SHOWER DOOR	☐	☐	☐	☐	☐	☐	☐
	☐	☐	☐	☐	☐	☐	☐
	☐	☐	☐	☐	☐	☐	☐

WEEKLY	
CLEAN SINK/COUNTERTOP	☐
CLEAN TUB	☐
CLEAN TOILET	☐
EMPTY TRASH	☐
MOP FLOOR	☐
	☐
	☐

MONTHLY	
CLEAN WINDOWS	☐
WASH RUGS	☐
SCRUB TUB	☐
	☐
	☐
	☐
	☐

LIVING ROOM

DAILY	MON	TUE	WED	THU	FRI	SAT	SUN
ORGANIZE CLUTTER	☐	☐	☐	☐	☐	☐	☐
WIPE TABLES	☐	☐	☐	☐	☐	☐	☐
STRAIGHTEN CUSHIONS	☐	☐	☐	☐	☐	☐	☐

WEEKLY	
DUST TABLES & SHELVES	☐
VACUUM/SWEEP/MOP FLOOR	☐
	☐
	☐

MONTHLY	
DUST BLINDS/WASH CURTAINS	☐
WASH WINDOWS	☐
	☐
	☐

DINING ROOM

DAILY	MON	TUE	WED	THU	FRI	SAT	SUN
ORGANIZE CLUTTER	☐	☐	☐	☐	☐	☐	☐
WIPE TABLES	☐	☐	☐	☐	☐	☐	☐
	☐	☐	☐	☐	☐	☐	☐

WEEKLY	
DUST	☐
VACUUM/SWEEP/MOP FLOOR	☐
	☐
	☐

MONTHLY	
DUST BLINDS/WASH CURTAINS	☐
WASH WINDOWS	☐
	☐
	☐

GARAGE

DAILY	MON	TUE	WED	THU	FRI	SAT	SUN
ORGANIZE CLUTTER	☐	☐	☐	☐	☐	☐	☐
	☐	☐	☐	☐	☐	☐	☐

WEEKLY	
SWEEP GARAGE FLOOR	☐
	☐
	☐

MONTHLY	
DUST SHELVES	☐
	☐
	☐

YARD

DAILY	MON	TUE	WED	THU	FRI	SAT	SUN
WATER PLANTS	☐	☐	☐	☐	☐	☐	☐

WEEKLY	
SWEEP	☐
	☐

MONTHLY	
TRIM PLANTS	☐
	☐

CLEANING CHECKLIST

ROOM:								
DAILY		MON	TUE	WED	THU	FRI	SAT	SUN
		☐	☐	☐	☐	☐	☐	☐
		☐	☐	☐	☐	☐	☐	☐
		☐	☐	☐	☐	☐	☐	☐
		☐	☐	☐	☐	☐	☐	☐
		☐	☐	☐	☐	☐	☐	☐
		☐	☐	☐	☐	☐	☐	☐
		☐	☐	☐	☐	☐	☐	☐

WEEKLY		MONTHLY	
	☐		☐
	☐		☐
	☐		☐
	☐		☐
	☐		☐
	☐		☐
	☐		☐

ROOM:								
DAILY		MON	TUE	WED	THU	FRI	SAT	SUN
		☐	☐	☐	☐	☐	☐	☐
		☐	☐	☐	☐	☐	☐	☐
		☐	☐	☐	☐	☐	☐	☐
		☐	☐	☐	☐	☐	☐	☐
		☐	☐	☐	☐	☐	☐	☐
		☐	☐	☐	☐	☐	☐	☐
		☐	☐	☐	☐	☐	☐	☐

WEEKLY		MONTHLY	
	☐		☐
	☐		☐
	☐		☐
	☐		☐
	☐		☐
	☐		☐
	☐		☐

ROOM:								
DAILY		MON	TUE	WED	THU	FRI	SAT	SUN
		☐	☐	☐	☐	☐	☐	☐
		☐	☐	☐	☐	☐	☐	☐
		☐	☐	☐	☐	☐	☐	☐
		☐	☐	☐	☐	☐	☐	☐
		☐	☐	☐	☐	☐	☐	☐
		☐	☐	☐	☐	☐	☐	☐
		☐	☐	☐	☐	☐	☐	☐

WEEKLY		MONTHLY	
	☐		☐
	☐		☐
	☐		☐
	☐		☐
	☐		☐
	☐		☐
	☐		☐

ROOM:								
DAILY		MON	TUE	WED	THU	FRI	SAT	SUN
		☐	☐	☐	☐	☐	☐	☐
		☐	☐	☐	☐	☐	☐	☐
		☐	☐	☐	☐	☐	☐	☐
		☐	☐	☐	☐	☐	☐	☐
		☐	☐	☐	☐	☐	☐	☐
		☐	☐	☐	☐	☐	☐	☐
		☐	☐	☐	☐	☐	☐	☐

WEEKLY		MONTHLY	
	☐		☐
	☐		☐
	☐		☐
	☐		☐
	☐		☐
	☐		☐
	☐		☐

CLEANING CHECKLIST

KITCHEN

DAILY	MON	TUE	WED	THU	FRI	SAT	SUN
CLEAR AND WIPE TABLE	☐	☐	☐	☐	☐	☐	☐
WASH DISHES	☐	☐	☐	☐	☐	☐	☐
WIPE DOWN COUNTERTOP/STOVE	☐	☐	☐	☐	☐	☐	☐
CLEAN THE SINK	☐	☐	☐	☐	☐	☐	☐
TAKE OUT TRASH	☐	☐	☐	☐	☐	☐	☐
SPOT CLEAN THE FLOOR	☐	☐	☐	☐	☐	☐	☐
	☐	☐	☐	☐	☐	☐	☐

WEEKLY	
ORGANIZE FRIDGE	☐
DISCARD OLD FOOD	☐
WIPE DOWN APPLIANCES	☐
VACUUM/SWEEP/MOP FLOOR	☐
ORGANIZE CUPBOARD	☐
SPOT CLEAN THE FLOOR	☐
WIPE FRIDGE	☐
	☐

MONTHLY	
CLEAN WINDOWS	☐
WIPE CUPBOARD DOORS	☐
CLEAN OVEN AND RANGE	☐
CLEAN APPLIANCES	☐
	☐
	☐
	☐
	☐

BATHROOM

DAILY	MON	TUE	WED	THU	FRI	SAT	SUN
WIPE THE MIRROR	☐	☐	☐	☐	☐	☐	☐
WIPE COUNTERTOP	☐	☐	☐	☐	☐	☐	☐
CLEAN TOILET	☐	☐	☐	☐	☐	☐	☐
SQUEEGEE SHOWER DOOR	☐	☐	☐	☐	☐	☐	☐
	☐	☐	☐	☐	☐	☐	☐
	☐	☐	☐	☐	☐	☐	☐

WEEKLY	
CLEAN SINK/COUNTERTOP	☐
CLEAN TUB	☐
CLEAN TOILET	☐
EMPTY TRASH	☐
MOP FLOOR	☐
	☐
	☐

MONTHLY	
CLEAN WINDOWS	☐
WASH RUGS	☐
SCRUB TUB	☐
	☐
	☐
	☐
	☐

LIVING ROOM

DAILY	MON	TUE	WED	THU	FRI	SAT	SUN
ORGANIZE CLUTTER	☐	☐	☐	☐	☐	☐	☐
WIPE TABLES	☐	☐	☐	☐	☐	☐	☐
STRAIGHTEN CUSHIONS	☐	☐	☐	☐	☐	☐	☐

WEEKLY	
DUST TABLES & SHELVES	☐
VACUUM/SWEEP/MOP FLOOR	☐
	☐
	☐

MONTHLY	
DUST BLINDS/WASH CURTAINS	☐
WASH WINDOWS	☐
	☐
	☐

DINING ROOM

DAILY	MON	TUE	WED	THU	FRI	SAT	SUN
ORGANIZE CLUTTER	☐	☐	☐	☐	☐	☐	☐
WIPE TABLES	☐	☐	☐	☐	☐	☐	☐
	☐	☐	☐	☐	☐	☐	☐

WEEKLY	
DUST	☐
VACUUM/SWEEP/MOP FLOOR	☐
	☐
	☐

MONTHLY	
DUST BLINDS/WASH CURTAINS	☐
WASH WINDOWS	☐
	☐
	☐

GARAGE

DAILY	MON	TUE	WED	THU	FRI	SAT	SUN
ORGANIZE CLUTTER	☐	☐	☐	☐	☐	☐	☐
	☐	☐	☐	☐	☐	☐	☐

WEEKLY	
SWEEP GARAGE FLOOR	☐
	☐
	☐

MONTHLY	
DUST SHELVES	☐
	☐
	☐

YARD

DAILY	MON	TUE	WED	THU	FRI	SAT	SUN
WATER PLANTS	☐	☐	☐	☐	☐	☐	☐

WEEKLY	
SWEEP	☐
	☐

MONTHLY	
TRIM PLANTS	☐
	☐

CLEANING CHECKLIST

ROOM:								
DAILY	MON	TUE	WED	THU	FRI	SAT	SUN
	☐	☐	☐	☐	☐	☐	☐
	☐	☐	☐	☐	☐	☐	☐
	☐	☐	☐	☐	☐	☐	☐
	☐	☐	☐	☐	☐	☐	☐
	☐	☐	☐	☐	☐	☐	☐
	☐	☐	☐	☐	☐	☐	☐
	☐	☐	☐	☐	☐	☐	☐

WEEKLY		MONTHLY	
	☐		☐
	☐		☐
	☐		☐
	☐		☐
	☐		☐
	☐		☐
	☐		☐
	☐		☐

ROOM:								
DAILY	MON	TUE	WED	THU	FRI	SAT	SUN
	☐	☐	☐	☐	☐	☐	☐
	☐	☐	☐	☐	☐	☐	☐
	☐	☐	☐	☐	☐	☐	☐
	☐	☐	☐	☐	☐	☐	☐
	☐	☐	☐	☐	☐	☐	☐
	☐	☐	☐	☐	☐	☐	☐
	☐	☐	☐	☐	☐	☐	☐

WEEKLY		MONTHLY	
	☐		☐
	☐		☐
	☐		☐
	☐		☐
	☐		☐
	☐		☐
	☐		☐
	☐		☐

ROOM:								
DAILY	MON	TUE	WED	THU	FRI	SAT	SUN
	☐	☐	☐	☐	☐	☐	☐
	☐	☐	☐	☐	☐	☐	☐
	☐	☐	☐	☐	☐	☐	☐
	☐	☐	☐	☐	☐	☐	☐
	☐	☐	☐	☐	☐	☐	☐
	☐	☐	☐	☐	☐	☐	☐
	☐	☐	☐	☐	☐	☐	☐

WEEKLY		MONTHLY	
	☐		☐
	☐		☐
	☐		☐
	☐		☐
	☐		☐
	☐		☐
	☐		☐
	☐		☐

ROOM:								
DAILY	MON	TUE	WED	THU	FRI	SAT	SUN
	☐	☐	☐	☐	☐	☐	☐
	☐	☐	☐	☐	☐	☐	☐
	☐	☐	☐	☐	☐	☐	☐
	☐	☐	☐	☐	☐	☐	☐
	☐	☐	☐	☐	☐	☐	☐
	☐	☐	☐	☐	☐	☐	☐
	☐	☐	☐	☐	☐	☐	☐

WEEKLY		MONTHLY	
	☐		☐
	☐		☐
	☐		☐
	☐		☐
	☐		☐
	☐		☐
	☐		☐
	☐		☐

CLEANING CHECKLIST

KITCHEN

DAILY	MON	TUE	WED	THU	FRI	SAT	SUN
CLEAR AND WIPE TABLE	☐	☐	☐	☐	☐	☐	☐
WASH DISHES	☐	☐	☐	☐	☐	☐	☐
WIPE DOWN COUNTERTOP/STOVE	☐	☐	☐	☐	☐	☐	☐
CLEAN THE SINK	☐	☐	☐	☐	☐	☐	☐
TAKE OUT TRASH	☐	☐	☐	☐	☐	☐	☐
SPOT CLEAN THE FLOOR	☐	☐	☐	☐	☐	☐	☐
	☐	☐	☐	☐	☐	☐	☐

WEEKLY	
ORGANIZE FRIDGE	☐
DISCARD OLD FOOD	☐
WIPE DOWN APPLIANCES	☐
VACUUM/SWEEP/MOP FLOOR	☐
ORGANIZE CUPBOARD	☐
SPOT CLEAN THE FLOOR	☐
WIPE FRIDGE	☐
	☐

MONTHLY	
CLEAN WINDOWS	☐
WIPE CUPBOARD DOORS	☐
CLEAN OVEN AND RANGE	☐
CLEAN APPLIANCES	☐
	☐
	☐
	☐
	☐

BATHROOM

DAILY	MON	TUE	WED	THU	FRI	SAT	SUN
WIPE THE MIRROR	☐	☐	☐	☐	☐	☐	☐
WIPE COUNTERTOP	☐	☐	☐	☐	☐	☐	☐
CLEAN TOILET	☐	☐	☐	☐	☐	☐	☐
SQUEEGEE SHOWER DOOR	☐	☐	☐	☐	☐	☐	☐
	☐	☐	☐	☐	☐	☐	☐
	☐	☐	☐	☐	☐	☐	☐

WEEKLY	
CLEAN SINK/COUNTERTOP	☐
CLEAN TUB	☐
CLEAN TOILET	☐
EMPTY TRASH	☐
MOP FLOOR	☐
	☐
	☐

MONTHLY	
CLEAN WINDOWS	☐
WASH RUGS	☐
SCRUB TUB	☐
	☐
	☐
	☐
	☐

LIVING ROOM

DAILY	MON	TUE	WED	THU	FRI	SAT	SUN
ORGANIZE CLUTTER	☐	☐	☐	☐	☐	☐	☐
WIPE TABLES	☐	☐	☐	☐	☐	☐	☐
STRAIGHTEN CUSHIONS	☐	☐	☐	☐	☐	☐	☐

WEEKLY	
DUST TABLES & SHELVES	☐
VACUUM/SWEEP/MOP FLOOR	☐
	☐
	☐

MONTHLY	
DUST BLINDS/WASH CURTAINS	☐
WASH WINDOWS	☐
	☐
	☐

DINING ROOM

DAILY	MON	TUE	WED	THU	FRI	SAT	SUN
ORGANIZE CLUTTER	☐	☐	☐	☐	☐	☐	☐
WIPE TABLES	☐	☐	☐	☐	☐	☐	☐
	☐	☐	☐	☐	☐	☐	☐

WEEKLY	
DUST	☐
VACUUM/SWEEP/MOP FLOOR	☐
	☐
	☐

MONTHLY	
DUST BLINDS/WASH CURTAINS	☐
WASH WINDOWS	☐
	☐
	☐

GARAGE

DAILY	MON	TUE	WED	THU	FRI	SAT	SUN
ORGANIZE CLUTTER	☐	☐	☐	☐	☐	☐	☐
	☐	☐	☐	☐	☐	☐	☐

WEEKLY	
SWEEP GARAGE FLOOR	☐
	☐
	☐

MONTHLY	
DUST SHELVES	☐
	☐
	☐

YARD

DAILY	MON	TUE	WED	THU	FRI	SAT	SUN
WATER PLANTS	☐	☐	☐	☐	☐	☐	☐

WEEKLY	
SWEEP	☐
	☐

MONTHLY	
TRIM PLANTS	☐
	☐

CLEANING CHECKLIST

ROOM:

DAILY	MON	TUE	WED	THU	FRI	SAT	SUN
	☐	☐	☐	☐	☐	☐	☐
	☐	☐	☐	☐	☐	☐	☐
	☐	☐	☐	☐	☐	☐	☐
	☐	☐	☐	☐	☐	☐	☐
	☐	☐	☐	☐	☐	☐	☐
	☐	☐	☐	☐	☐	☐	☐
	☐	☐	☐	☐	☐	☐	☐
	☐	☐	☐	☐	☐	☐	☐

WEEKLY		MONTHLY	
	☐		☐
	☐		☐
	☐		☐
	☐		☐
	☐		☐
	☐		☐
	☐		☐
	☐		☐
	☐		☐

ROOM:

DAILY	MON	TUE	WED	THU	FRI	SAT	SUN
	☐	☐	☐	☐	☐	☐	☐
	☐	☐	☐	☐	☐	☐	☐
	☐	☐	☐	☐	☐	☐	☐
	☐	☐	☐	☐	☐	☐	☐
	☐	☐	☐	☐	☐	☐	☐
	☐	☐	☐	☐	☐	☐	☐
	☐	☐	☐	☐	☐	☐	☐
	☐	☐	☐	☐	☐	☐	☐

WEEKLY		MONTHLY	
	☐		☐
	☐		☐
	☐		☐
	☐		☐
	☐		☐
	☐		☐
	☐		☐
	☐		☐
	☐		☐

ROOM:

DAILY	MON	TUE	WED	THU	FRI	SAT	SUN
	☐	☐	☐	☐	☐	☐	☐
	☐	☐	☐	☐	☐	☐	☐
	☐	☐	☐	☐	☐	☐	☐
	☐	☐	☐	☐	☐	☐	☐
	☐	☐	☐	☐	☐	☐	☐
	☐	☐	☐	☐	☐	☐	☐
	☐	☐	☐	☐	☐	☐	☐
	☐	☐	☐	☐	☐	☐	☐

WEEKLY		MONTHLY	
	☐		☐
	☐		☐
	☐		☐
	☐		☐
	☐		☐
	☐		☐
	☐		☐
	☐		☐
	☐		☐

ROOM:

DAILY	MON	TUE	WED	THU	FRI	SAT	SUN
	☐	☐	☐	☐	☐	☐	☐
	☐	☐	☐	☐	☐	☐	☐
	☐	☐	☐	☐	☐	☐	☐
	☐	☐	☐	☐	☐	☐	☐
	☐	☐	☐	☐	☐	☐	☐
	☐	☐	☐	☐	☐	☐	☐
	☐	☐	☐	☐	☐	☐	☐
	☐	☐	☐	☐	☐	☐	☐

WEEKLY		MONTHLY	
	☐		☐
	☐		☐
	☐		☐
	☐		☐
	☐		☐
	☐		☐
	☐		☐
	☐		☐
	☐		☐

CLEANING CHECKLIST

KITCHEN

DAILY	MON	TUE	WED	THU	FRI	SAT	SUN
CLEAR AND WIPE TABLE	☐	☐	☐	☐	☐	☐	☐
WASH DISHES	☐	☐	☐	☐	☐	☐	☐
WIPE DOWN COUNTERTOP/STOVE	☐	☐	☐	☐	☐	☐	☐
CLEAN THE SINK	☐	☐	☐	☐	☐	☐	☐
TAKE OUT TRASH	☐	☐	☐	☐	☐	☐	☐
SPOT CLEAN THE FLOOR	☐	☐	☐	☐	☐	☐	☐

WEEKLY	
ORGANIZE FRIDGE	☐
DISCARD OLD FOOD	☐
WIPE DOWN APPLIANCES	☐
VACUUM/SWEEP/MOP FLOOR	☐
ORGANIZE CUPBOARD	☐
SPOT CLEAN THE FLOOR	☐
WIPE FRIDGE	☐

MONTHLY	
CLEAN WINDOWS	☐
WIPE CUPBOARD DOORS	☐
CLEAN OVEN AND RANGE	☐
CLEAN APPLIANCES	☐
	☐
	☐
	☐

BATHROOM

DAILY	MON	TUE	WED	THU	FRI	SAT	SUN
WIPE THE MIRROR	☐	☐	☐	☐	☐	☐	☐
WIPE COUNTERTOP	☐	☐	☐	☐	☐	☐	☐
CLEAN TOILET	☐	☐	☐	☐	☐	☐	☐
SQUEEGEE SHOWER DOOR	☐	☐	☐	☐	☐	☐	☐
	☐	☐	☐	☐	☐	☐	☐
	☐	☐	☐	☐	☐	☐	☐

WEEKLY	
CLEAN SINK/COUNTERTOP	☐
CLEAN TUB	☐
CLEAN TOILET	☐
EMPTY TRASH	☐
MOP FLOOR	☐
	☐
	☐

MONTHLY	
CLEAN WINDOWS	☐
WASH RUGS	☐
SCRUB TUB	☐
	☐
	☐
	☐
	☐

LIVING ROOM

DAILY	MON	TUE	WED	THU	FRI	SAT	SUN
ORGANIZE CLUTTER	☐	☐	☐	☐	☐	☐	☐
WIPE TABLES	☐	☐	☐	☐	☐	☐	☐
STRAIGHTEN CUSHIONS	☐	☐	☐	☐	☐	☐	☐

WEEKLY	
DUST TABLES & SHELVES	☐
VACUUM/SWEEP/MOP FLOOR	☐
	☐
	☐

MONTHLY	
DUST BLINDS/WASH CURTAINS	☐
WASH WINDOWS	☐
	☐
	☐

DINING ROOM

DAILY	MON	TUE	WED	THU	FRI	SAT	SUN
ORGANIZE CLUTTER	☐	☐	☐	☐	☐	☐	☐
WIPE TABLES	☐	☐	☐	☐	☐	☐	☐
	☐	☐	☐	☐	☐	☐	☐

WEEKLY	
DUST	☐
VACUUM/SWEEP/MOP FLOOR	☐
	☐
	☐

MONTHLY	
DUST BLINDS/WASH CURTAINS	☐
WASH WINDOWS	☐
	☐
	☐

GARAGE

DAILY	MON	TUE	WED	THU	FRI	SAT	SUN
ORGANIZE CLUTTER	☐	☐	☐	☐	☐	☐	☐
	☐	☐	☐	☐	☐	☐	☐

WEEKLY	
SWEEP GARAGE FLOOR	☐
	☐
	☐

MONTHLY	
DUST SHELVES	☐
	☐
	☐

YARD

DAILY	MON	TUE	WED	THU	FRI	SAT	SUN
WATER PLANTS	☐	☐	☐	☐	☐	☐	☐

WEEKLY	
SWEEP	☐
	☐

MONTHLY	
TRIM PLANTS	☐
	☐

CLEANING CHECKLIST

ROOM:								
DAILY	MON	TUE	WED	THU	FRI	SAT	SUN	
	☐	☐	☐	☐	☐	☐	☐	
	☐	☐	☐	☐	☐	☐	☐	
	☐	☐	☐	☐	☐	☐	☐	
	☐	☐	☐	☐	☐	☐	☐	
	☐	☐	☐	☐	☐	☐	☐	
	☐	☐	☐	☐	☐	☐	☐	
	☐	☐	☐	☐	☐	☐	☐	

WEEKLY		MONTHLY	
	☐		☐
	☐		☐
	☐		☐
	☐		☐
	☐		☐
	☐		☐
	☐		☐

ROOM:								
DAILY	MON	TUE	WED	THU	FRI	SAT	SUN	
	☐	☐	☐	☐	☐	☐	☐	
	☐	☐	☐	☐	☐	☐	☐	
	☐	☐	☐	☐	☐	☐	☐	
	☐	☐	☐	☐	☐	☐	☐	
	☐	☐	☐	☐	☐	☐	☐	
	☐	☐	☐	☐	☐	☐	☐	
	☐	☐	☐	☐	☐	☐	☐	

WEEKLY		MONTHLY	
	☐		☐
	☐		☐
	☐		☐
	☐		☐
	☐		☐
	☐		☐
	☐		☐

ROOM:								
DAILY	MON	TUE	WED	THU	FRI	SAT	SUN	
	☐	☐	☐	☐	☐	☐	☐	
	☐	☐	☐	☐	☐	☐	☐	
	☐	☐	☐	☐	☐	☐	☐	
	☐	☐	☐	☐	☐	☐	☐	
	☐	☐	☐	☐	☐	☐	☐	
	☐	☐	☐	☐	☐	☐	☐	
	☐	☐	☐	☐	☐	☐	☐	

WEEKLY		MONTHLY	
	☐		☐
	☐		☐
	☐		☐
	☐		☐
	☐		☐
	☐		☐
	☐		☐

ROOM:								
DAILY	MON	TUE	WED	THU	FRI	SAT	SUN	
	☐	☐	☐	☐	☐	☐	☐	
	☐	☐	☐	☐	☐	☐	☐	
	☐	☐	☐	☐	☐	☐	☐	
	☐	☐	☐	☐	☐	☐	☐	
	☐	☐	☐	☐	☐	☐	☐	
	☐	☐	☐	☐	☐	☐	☐	
	☐	☐	☐	☐	☐	☐	☐	

WEEKLY		MONTHLY	
	☐		☐
	☐		☐
	☐		☐
	☐		☐
	☐		☐
	☐		☐
	☐		☐

CLEANING CHECKLIST

KITCHEN

DAILY	MON	TUE	WED	THU	FRI	SAT	SUN
CLEAR AND WIPE TABLE	☐	☐	☐	☐	☐	☐	☐
WASH DISHES	☐	☐	☐	☐	☐	☐	☐
WIPE DOWN COUNTERTOP/STOVE	☐	☐	☐	☐	☐	☐	☐
CLEAN THE SINK	☐	☐	☐	☐	☐	☐	☐
TAKE OUT TRASH	☐	☐	☐	☐	☐	☐	☐
SPOT CLEAN THE FLOOR	☐	☐	☐	☐	☐	☐	☐
	☐	☐	☐	☐	☐	☐	☐

WEEKLY	
ORGANIZE FRIDGE	☐
DISCARD OLD FOOD	☐
WIPE DOWN APPLIANCES	☐
VACUUM/SWEEP/MOP FLOOR	☐
ORGANIZE CUPBOARD	☐
SPOT CLEAN THE FLOOR	☐
WIPE FRIDGE	☐
	☐

MONTHLY	
CLEAN WINDOWS	☐
WIPE CUPBOARD DOORS	☐
CLEAN OVEN AND RANGE	☐
CLEAN APPLIANCES	☐
	☐
	☐
	☐
	☐

BATHROOM

DAILY	MON	TUE	WED	THU	FRI	SAT	SUN
WIPE THE MIRROR	☐	☐	☐	☐	☐	☐	☐
WIPE COUNTERTOP	☐	☐	☐	☐	☐	☐	☐
CLEAN TOILET	☐	☐	☐	☐	☐	☐	☐
SQUEEGEE SHOWER DOOR	☐	☐	☐	☐	☐	☐	☐
	☐	☐	☐	☐	☐	☐	☐
	☐	☐	☐	☐	☐	☐	☐

WEEKLY	
CLEAN SINK/COUNTERTOP	☐
CLEAN TUB	☐
CLEAN TOILET	☐
EMPTY TRASH	☐
MOP FLOOR	☐
	☐
	☐

MONTHLY	
CLEAN WINDOWS	☐
WASH RUGS	☐
SCRUB TUB	☐
	☐
	☐
	☐
	☐

LIVING ROOM

DAILY	MON	TUE	WED	THU	FRI	SAT	SUN
ORGANIZE CLUTTER	☐	☐	☐	☐	☐	☐	☐
WIPE TABLES	☐	☐	☐	☐	☐	☐	☐
STRAIGHTEN CUSHIONS	☐	☐	☐	☐	☐	☐	☐

WEEKLY	
DUST TABLES & SHELVES	☐
VACUUM/SWEEP/MOP FLOOR	☐
	☐
	☐

MONTHLY	
DUST BLINDS/WASH CURTAINS	☐
WASH WINDOWS	☐
	☐
	☐

DINING ROOM

DAILY	MON	TUE	WED	THU	FRI	SAT	SUN
ORGANIZE CLUTTER	☐	☐	☐	☐	☐	☐	☐
WIPE TABLES	☐	☐	☐	☐	☐	☐	☐
	☐	☐	☐	☐	☐	☐	☐

WEEKLY	
DUST	☐
VACUUM/SWEEP/MOP FLOOR	☐
	☐
	☐

MONTHLY	
DUST BLINDS/WASH CURTAINS	☐
WASH WINDOWS	☐
	☐
	☐

GARAGE

DAILY	MON	TUE	WED	THU	FRI	SAT	SUN
ORGANIZE CLUTTER	☐	☐	☐	☐	☐	☐	☐
	☐	☐	☐	☐	☐	☐	☐

WEEKLY	
SWEEP GARAGE FLOOR	☐
	☐
	☐

MONTHLY	
DUST SHELVES	☐
	☐
	☐

YARD

DAILY	MON	TUE	WED	THU	FRI	SAT	SUN
WATER PLANTS	☐	☐	☐	☐	☐	☐	☐

WEEKLY	
SWEEP	☐
	☐

MONTHLY	
TRIM PLANTS	☐
	☐

CLEANING CHECKLIST

ROOM:								
DAILY	MON	TUE	WED	THU	FRI	SAT	SUN	
	☐	☐	☐	☐	☐	☐	☐	
	☐	☐	☐	☐	☐	☐	☐	
	☐	☐	☐	☐	☐	☐	☐	
	☐	☐	☐	☐	☐	☐	☐	
	☐	☐	☐	☐	☐	☐	☐	
	☐	☐	☐	☐	☐	☐	☐	
	☐	☐	☐	☐	☐	☐	☐	

WEEKLY		MONTHLY	
	☐		☐
	☐		☐
	☐		☐
	☐		☐
	☐		☐
	☐		☐
	☐		☐
	☐		☐

ROOM:								
DAILY	MON	TUE	WED	THU	FRI	SAT	SUN	
	☐	☐	☐	☐	☐	☐	☐	
	☐	☐	☐	☐	☐	☐	☐	
	☐	☐	☐	☐	☐	☐	☐	
	☐	☐	☐	☐	☐	☐	☐	
	☐	☐	☐	☐	☐	☐	☐	
	☐	☐	☐	☐	☐	☐	☐	
	☐	☐	☐	☐	☐	☐	☐	

WEEKLY		MONTHLY	
	☐		☐
	☐		☐
	☐		☐
	☐		☐
	☐		☐
	☐		☐
	☐		☐
	☐		☐

ROOM:								
DAILY	MON	TUE	WED	THU	FRI	SAT	SUN	
	☐	☐	☐	☐	☐	☐	☐	
	☐	☐	☐	☐	☐	☐	☐	
	☐	☐	☐	☐	☐	☐	☐	
	☐	☐	☐	☐	☐	☐	☐	
	☐	☐	☐	☐	☐	☐	☐	
	☐	☐	☐	☐	☐	☐	☐	
	☐	☐	☐	☐	☐	☐	☐	

WEEKLY		MONTHLY	
	☐		☐
	☐		☐
	☐		☐
	☐		☐
	☐		☐
	☐		☐
	☐		☐
	☐		☐

ROOM:								
DAILY	MON	TUE	WED	THU	FRI	SAT	SUN	
	☐	☐	☐	☐	☐	☐	☐	
	☐	☐	☐	☐	☐	☐	☐	
	☐	☐	☐	☐	☐	☐	☐	
	☐	☐	☐	☐	☐	☐	☐	
	☐	☐	☐	☐	☐	☐	☐	
	☐	☐	☐	☐	☐	☐	☐	
	☐	☐	☐	☐	☐	☐	☐	

WEEKLY		MONTHLY	
	☐		☐
	☐		☐
	☐		☐
	☐		☐
	☐		☐
	☐		☐
	☐		☐
	☐		☐

CLEANING CHECKLIST

KITCHEN

DAILY	MON	TUE	WED	THU	FRI	SAT	SUN
CLEAR AND WIPE TABLE	☐	☐	☐	☐	☐	☐	☐
WASH DISHES	☐	☐	☐	☐	☐	☐	☐
WIPE DOWN COUNTERTOP/STOVE	☐	☐	☐	☐	☐	☐	☐
CLEAN THE SINK	☐	☐	☐	☐	☐	☐	☐
TAKE OUT TRASH	☐	☐	☐	☐	☐	☐	☐
SPOT CLEAN THE FLOOR	☐	☐	☐	☐	☐	☐	☐
	☐	☐	☐	☐	☐	☐	☐

WEEKLY	
ORGANIZE FRIDGE	☐
DISCARD OLD FOOD	☐
WIPE DOWN APPLIANCES	☐
VACUUM/SWEEP/MOP FLOOR	☐
ORGANIZE CUPBOARD	☐
SPOT CLEAN THE FLOOR	☐
WIPE FRIDGE	☐
	☐

MONTHLY	
CLEAN WINDOWS	☐
WIPE CUPBOARD DOORS	☐
CLEAN OVEN AND RANGE	☐
CLEAN APPLIANCES	☐
	☐
	☐
	☐
	☐

BATHROOM

DAILY	MON	TUE	WED	THU	FRI	SAT	SUN
WIPE THE MIRROR	☐	☐	☐	☐	☐	☐	☐
WIPE COUNTERTOP	☐	☐	☐	☐	☐	☐	☐
CLEAN TOILET	☐	☐	☐	☐	☐	☐	☐
SQUEEGEE SHOWER DOOR	☐	☐	☐	☐	☐	☐	☐
	☐	☐	☐	☐	☐	☐	☐
	☐	☐	☐	☐	☐	☐	☐

WEEKLY	
CLEAN SINK/COUNTERTOP	☐
CLEAN TUB	☐
CLEAN TOILET	☐
EMPTY TRASH	☐
MOP FLOOR	☐
	☐
	☐

MONTHLY	
CLEAN WINDOWS	☐
WASH RUGS	☐
SCRUB TUB	☐
	☐
	☐
	☐
	☐

LIVING ROOM

DAILY	MON	TUE	WED	THU	FRI	SAT	SUN
ORGANIZE CLUTTER	☐	☐	☐	☐	☐	☐	☐
WIPE TABLES	☐	☐	☐	☐	☐	☐	☐
STRAIGHTEN CUSHIONS	☐	☐	☐	☐	☐	☐	☐

WEEKLY	
DUST TABLES & SHELVES	☐
VACUUM/SWEEP/MOP FLOOR	☐
	☐
	☐

MONTHLY	
DUST BLINDS/WASH CURTAINS	☐
WASH WINDOWS	☐
	☐
	☐

DINING ROOM

DAILY	MON	TUE	WED	THU	FRI	SAT	SUN
ORGANIZE CLUTTER	☐	☐	☐	☐	☐	☐	☐
WIPE TABLES	☐	☐	☐	☐	☐	☐	☐
	☐	☐	☐	☐	☐	☐	☐

WEEKLY	
DUST	☐
VACUUM/SWEEP/MOP FLOOR	☐
	☐
	☐

MONTHLY	
DUST BLINDS/WASH CURTAINS	☐
WASH WINDOWS	☐
	☐
	☐

GARAGE

DAILY	MON	TUE	WED	THU	FRI	SAT	SUN
ORGANIZE CLUTTER	☐	☐	☐	☐	☐	☐	☐
	☐	☐	☐	☐	☐	☐	☐

WEEKLY	
SWEEP GARAGE FLOOR	☐
	☐
	☐

MONTHLY	
DUST SHELVES	☐
	☐
	☐

YARD

DAILY	MON	TUE	WED	THU	FRI	SAT	SUN
WATER PLANTS	☐	☐	☐	☐	☐	☐	☐

WEEKLY	
SWEEP	☐
	☐

MONTHLY	
TRIM PLANTS	☐
	☐

CLEANING CHECKLIST

ROOM:							
DAILY	MON	TUE	WED	THU	FRI	SAT	SUN
	☐	☐	☐	☐	☐	☐	☐
	☐	☐	☐	☐	☐	☐	☐
	☐	☐	☐	☐	☐	☐	☐
	☐	☐	☐	☐	☐	☐	☐
	☐	☐	☐	☐	☐	☐	☐
	☐	☐	☐	☐	☐	☐	☐
	☐	☐	☐	☐	☐	☐	☐

WEEKLY		MONTHLY	
	☐		☐
	☐		☐
	☐		☐
	☐		☐
	☐		☐
	☐		☐
	☐		☐

ROOM:							
DAILY	MON	TUE	WED	THU	FRI	SAT	SUN
	☐	☐	☐	☐	☐	☐	☐
	☐	☐	☐	☐	☐	☐	☐
	☐	☐	☐	☐	☐	☐	☐
	☐	☐	☐	☐	☐	☐	☐
	☐	☐	☐	☐	☐	☐	☐
	☐	☐	☐	☐	☐	☐	☐
	☐	☐	☐	☐	☐	☐	☐

WEEKLY		MONTHLY	
	☐		☐
	☐		☐
	☐		☐
	☐		☐
	☐		☐
	☐		☐
	☐		☐

ROOM:							
DAILY	MON	TUE	WED	THU	FRI	SAT	SUN
	☐	☐	☐	☐	☐	☐	☐
	☐	☐	☐	☐	☐	☐	☐
	☐	☐	☐	☐	☐	☐	☐
	☐	☐	☐	☐	☐	☐	☐
	☐	☐	☐	☐	☐	☐	☐
	☐	☐	☐	☐	☐	☐	☐
	☐	☐	☐	☐	☐	☐	☐

WEEKLY		MONTHLY	
	☐		☐
	☐		☐
	☐		☐
	☐		☐
	☐		☐
	☐		☐
	☐		☐

ROOM:							
DAILY	MON	TUE	WED	THU	FRI	SAT	SUN
	☐	☐	☐	☐	☐	☐	☐
	☐	☐	☐	☐	☐	☐	☐
	☐	☐	☐	☐	☐	☐	☐
	☐	☐	☐	☐	☐	☐	☐
	☐	☐	☐	☐	☐	☐	☐
	☐	☐	☐	☐	☐	☐	☐
	☐	☐	☐	☐	☐	☐	☐

WEEKLY		MONTHLY	
	☐		☐
	☐		☐
	☐		☐
	☐		☐
	☐		☐
	☐		☐
	☐		☐

CLEANING CHECKLIST

KITCHEN

DAILY	MON	TUE	WED	THU	FRI	SAT	SUN
CLEAR AND WIPE TABLE	☐	☐	☐	☐	☐	☐	☐
WASH DISHES	☐	☐	☐	☐	☐	☐	☐
WIPE DOWN COUNTERTOP/STOVE	☐	☐	☐	☐	☐	☐	☐
CLEAN THE SINK	☐	☐	☐	☐	☐	☐	☐
TAKE OUT TRASH	☐	☐	☐	☐	☐	☐	☐
SPOT CLEAN THE FLOOR	☐	☐	☐	☐	☐	☐	☐
	☐	☐	☐	☐	☐	☐	☐

WEEKLY	
ORGANIZE FRIDGE	☐
DISCARD OLD FOOD	☐
WIPE DOWN APPLIANCES	☐
VACUUM/SWEEP/MOP FLOOR	☐
ORGANIZE CUPBOARD	☐
SPOT CLEAN THE FLOOR	☐
WIPE FRIDGE	☐
	☐

MONTHLY	
CLEAN WINDOWS	☐
WIPE CUPBOARD DOORS	☐
CLEAN OVEN AND RANGE	☐
CLEAN APPLIANCES	☐
	☐
	☐
	☐
	☐

BATHROOM

DAILY	MON	TUE	WED	THU	FRI	SAT	SUN
WIPE THE MIRROR	☐	☐	☐	☐	☐	☐	☐
WIPE COUNTERTOP	☐	☐	☐	☐	☐	☐	☐
CLEAN TOILET	☐	☐	☐	☐	☐	☐	☐
SQUEEGEE SHOWER DOOR	☐	☐	☐	☐	☐	☐	☐
	☐	☐	☐	☐	☐	☐	☐
	☐	☐	☐	☐	☐	☐	☐

WEEKLY	
CLEAN SINK/COUNTERTOP	☐
CLEAN TUB	☐
CLEAN TOILET	☐
EMPTY TRASH	☐
MOP FLOOR	☐
	☐
	☐

MONTHLY	
CLEAN WINDOWS	☐
WASH RUGS	☐
SCRUB TUB	☐
	☐
	☐
	☐
	☐

LIVING ROOM

DAILY	MON	TUE	WED	THU	FRI	SAT	SUN
ORGANIZE CLUTTER	☐	☐	☐	☐	☐	☐	☐
WIPE TABLES	☐	☐	☐	☐	☐	☐	☐
STRAIGHTEN CUSHIONS	☐	☐	☐	☐	☐	☐	☐

WEEKLY	
DUST TABLES & SHELVES	☐
VACUUM/SWEEP/MOP FLOOR	☐
	☐
	☐

MONTHLY	
DUST BLINDS/WASH CURTAINS	☐
WASH WINDOWS	☐
	☐
	☐

DINING ROOM

DAILY	MON	TUE	WED	THU	FRI	SAT	SUN
ORGANIZE CLUTTER	☐	☐	☐	☐	☐	☐	☐
WIPE TABLES	☐	☐	☐	☐	☐	☐	☐
	☐	☐	☐	☐	☐	☐	☐

WEEKLY	
DUST	☐
VACUUM/SWEEP/MOP FLOOR	☐
	☐
	☐

MONTHLY	
DUST BLINDS/WASH CURTAINS	☐
WASH WINDOWS	☐
	☐
	☐

GARAGE

DAILY	MON	TUE	WED	THU	FRI	SAT	SUN
ORGANIZE CLUTTER	☐	☐	☐	☐	☐	☐	☐
	☐	☐	☐	☐	☐	☐	☐

WEEKLY	
SWEEP GARAGE FLOOR	☐
	☐
	☐

MONTHLY	
DUST SHELVES	☐
	☐
	☐

YARD

DAILY	MON	TUE	WED	THU	FRI	SAT	SUN
WATER PLANTS	☐	☐	☐	☐	☐	☐	☐

WEEKLY	
SWEEP	☐
	☐

MONTHLY	
TRIM PLANTS	☐
	☐

CLEANING CHECKLIST

ROOM:							
DAILY	MON	TUE	WED	THU	FRI	SAT	SUN
	☐	☐	☐	☐	☐	☐	☐
	☐	☐	☐	☐	☐	☐	☐
	☐	☐	☐	☐	☐	☐	☐
	☐	☐	☐	☐	☐	☐	☐
	☐	☐	☐	☐	☐	☐	☐
	☐	☐	☐	☐	☐	☐	☐
	☐	☐	☐	☐	☐	☐	☐
	☐	☐	☐	☐	☐	☐	☐

WEEKLY		MONTHLY	
	☐		☐
	☐		☐
	☐		☐
	☐		☐
	☐		☐
	☐		☐
	☐		☐
	☐		☐

ROOM:							
DAILY	MON	TUE	WED	THU	FRI	SAT	SUN
	☐	☐	☐	☐	☐	☐	☐
	☐	☐	☐	☐	☐	☐	☐
	☐	☐	☐	☐	☐	☐	☐
	☐	☐	☐	☐	☐	☐	☐
	☐	☐	☐	☐	☐	☐	☐
	☐	☐	☐	☐	☐	☐	☐
	☐	☐	☐	☐	☐	☐	☐
	☐	☐	☐	☐	☐	☐	☐

WEEKLY		MONTHLY	
	☐		☐
	☐		☐
	☐		☐
	☐		☐
	☐		☐
	☐		☐
	☐		☐
	☐		☐

ROOM:							
DAILY	MON	TUE	WED	THU	FRI	SAT	SUN
	☐	☐	☐	☐	☐	☐	☐
	☐	☐	☐	☐	☐	☐	☐
	☐	☐	☐	☐	☐	☐	☐
	☐	☐	☐	☐	☐	☐	☐
	☐	☐	☐	☐	☐	☐	☐
	☐	☐	☐	☐	☐	☐	☐
	☐	☐	☐	☐	☐	☐	☐
	☐	☐	☐	☐	☐	☐	☐

WEEKLY		MONTHLY	
	☐		☐
	☐		☐
	☐		☐
	☐		☐
	☐		☐
	☐		☐
	☐		☐
	☐		☐

ROOM:							
DAILY	MON	TUE	WED	THU	FRI	SAT	SUN
	☐	☐	☐	☐	☐	☐	☐
	☐	☐	☐	☐	☐	☐	☐
	☐	☐	☐	☐	☐	☐	☐
	☐	☐	☐	☐	☐	☐	☐
	☐	☐	☐	☐	☐	☐	☐
	☐	☐	☐	☐	☐	☐	☐
	☐	☐	☐	☐	☐	☐	☐
	☐	☐	☐	☐	☐	☐	☐

WEEKLY		MONTHLY	
	☐		☐
	☐		☐
	☐		☐
	☐		☐
	☐		☐
	☐		☐
	☐		☐
	☐		☐

CLEANING CHECKLIST

KITCHEN

DAILY	MON	TUE	WED	THU	FRI	SAT	SUN
CLEAR AND WIPE TABLE	☐	☐	☐	☐	☐	☐	☐
WASH DISHES	☐	☐	☐	☐	☐	☐	☐
WIPE DOWN COUNTERTOP/STOVE	☐	☐	☐	☐	☐	☐	☐
CLEAN THE SINK	☐	☐	☐	☐	☐	☐	☐
TAKE OUT TRASH	☐	☐	☐	☐	☐	☐	☐
SPOT CLEAN THE FLOOR	☐	☐	☐	☐	☐	☐	☐
	☐	☐	☐	☐	☐	☐	☐

WEEKLY	
ORGANIZE FRIDGE	☐
DISCARD OLD FOOD	☐
WIPE DOWN APPLIANCES	☐
VACUUM/SWEEP/MOP FLOOR	☐
ORGANIZE CUPBOARD	☐
SPOT CLEAN THE FLOOR	☐
WIPE FRIDGE	☐
	☐

MONTHLY	
CLEAN WINDOWS	☐
WIPE CUPBOARD DOORS	☐
CLEAN OVEN AND RANGE	☐
CLEAN APPLIANCES	☐
	☐
	☐
	☐
	☐

BATHROOM

DAILY	MON	TUE	WED	THU	FRI	SAT	SUN
WIPE THE MIRROR	☐	☐	☐	☐	☐	☐	☐
WIPE COUNTERTOP	☐	☐	☐	☐	☐	☐	☐
CLEAN TOILET	☐	☐	☐	☐	☐	☐	☐
SQUEEGEE SHOWER DOOR	☐	☐	☐	☐	☐	☐	☐
	☐	☐	☐	☐	☐	☐	☐
	☐	☐	☐	☐	☐	☐	☐

WEEKLY	
CLEAN SINK/COUNTERTOP	☐
CLEAN TUB	☐
CLEAN TOILET	☐
EMPTY TRASH	☐
MOP FLOOR	☐
	☐
	☐

MONTHLY	
CLEAN WINDOWS	☐
WASH RUGS	☐
SCRUB TUB	☐
	☐
	☐
	☐
	☐

LIVING ROOM

DAILY	MON	TUE	WED	THU	FRI	SAT	SUN
ORGANIZE CLUTTER	☐	☐	☐	☐	☐	☐	☐
WIPE TABLES	☐	☐	☐	☐	☐	☐	☐
STRAIGHTEN CUSHIONS	☐	☐	☐	☐	☐	☐	☐

WEEKLY	
DUST TABLES & SHELVES	☐
VACUUM/SWEEP/MOP FLOOR	☐
	☐
	☐

MONTHLY	
DUST BLINDS/WASH CURTAINS	☐
WASH WINDOWS	☐
	☐
	☐

DINING ROOM

DAILY	MON	TUE	WED	THU	FRI	SAT	SUN
ORGANIZE CLUTTER	☐	☐	☐	☐	☐	☐	☐
WIPE TABLES	☐	☐	☐	☐	☐	☐	☐
	☐	☐	☐	☐	☐	☐	☐

WEEKLY	
DUST	☐
VACUUM/SWEEP/MOP FLOOR	☐
	☐
	☐

MONTHLY	
DUST BLINDS/WASH CURTAINS	☐
WASH WINDOWS	☐
	☐
	☐

GARAGE

DAILY	MON	TUE	WED	THU	FRI	SAT	SUN
ORGANIZE CLUTTER	☐	☐	☐	☐	☐	☐	☐
	☐	☐	☐	☐	☐	☐	☐

WEEKLY	
SWEEP GARAGE FLOOR	☐
	☐
	☐

MONTHLY	
DUST SHELVES	☐
	☐
	☐

YARD

DAILY	MON	TUE	WED	THU	FRI	SAT	SUN
WATER PLANTS	☐	☐	☐	☐	☐	☐	☐

WEEKLY	
SWEEP	☐
	☐

MONTHLY	
TRIM PLANTS	☐
	☐

CLEANING CHECKLIST

ROOM:

DAILY	MON	TUE	WED	THU	FRI	SAT	SUN
	☐	☐	☐	☐	☐	☐	☐
	☐	☐	☐	☐	☐	☐	☐
	☐	☐	☐	☐	☐	☐	☐
	☐	☐	☐	☐	☐	☐	☐
	☐	☐	☐	☐	☐	☐	☐
	☐	☐	☐	☐	☐	☐	☐
	☐	☐	☐	☐	☐	☐	☐

WEEKLY		MONTHLY	
	☐		☐
	☐		☐
	☐		☐
	☐		☐
	☐		☐
	☐		☐
	☐		☐

ROOM:

DAILY	MON	TUE	WED	THU	FRI	SAT	SUN
	☐	☐	☐	☐	☐	☐	☐
	☐	☐	☐	☐	☐	☐	☐
	☐	☐	☐	☐	☐	☐	☐
	☐	☐	☐	☐	☐	☐	☐
	☐	☐	☐	☐	☐	☐	☐
	☐	☐	☐	☐	☐	☐	☐
	☐	☐	☐	☐	☐	☐	☐

WEEKLY		MONTHLY	
	☐		☐
	☐		☐
	☐		☐
	☐		☐
	☐		☐
	☐		☐
	☐		☐

ROOM:

DAILY	MON	TUE	WED	THU	FRI	SAT	SUN
	☐	☐	☐	☐	☐	☐	☐
	☐	☐	☐	☐	☐	☐	☐
	☐	☐	☐	☐	☐	☐	☐
	☐	☐	☐	☐	☐	☐	☐
	☐	☐	☐	☐	☐	☐	☐
	☐	☐	☐	☐	☐	☐	☐
	☐	☐	☐	☐	☐	☐	☐

WEEKLY		MONTHLY	
	☐		☐
	☐		☐
	☐		☐
	☐		☐
	☐		☐
	☐		☐
	☐		☐

ROOM:

DAILY	MON	TUE	WED	THU	FRI	SAT	SUN
	☐	☐	☐	☐	☐	☐	☐
	☐	☐	☐	☐	☐	☐	☐
	☐	☐	☐	☐	☐	☐	☐
	☐	☐	☐	☐	☐	☐	☐
	☐	☐	☐	☐	☐	☐	☐
	☐	☐	☐	☐	☐	☐	☐
	☐	☐	☐	☐	☐	☐	☐

WEEKLY		MONTHLY	
	☐		☐
	☐		☐
	☐		☐
	☐		☐
	☐		☐
	☐		☐
	☐		☐

CLEANING CHECKLIST

KITCHEN

DAILY	MON	TUE	WED	THU	FRI	SAT	SUN
CLEAR AND WIPE TABLE	☐	☐	☐	☐	☐	☐	☐
WASH DISHES	☐	☐	☐	☐	☐	☐	☐
WIPE DOWN COUNTERTOP/STOVE	☐	☐	☐	☐	☐	☐	☐
CLEAN THE SINK	☐	☐	☐	☐	☐	☐	☐
TAKE OUT TRASH	☐	☐	☐	☐	☐	☐	☐
SPOT CLEAN THE FLOOR	☐	☐	☐	☐	☐	☐	☐
	☐	☐	☐	☐	☐	☐	☐

WEEKLY	
ORGANIZE FRIDGE	☐
DISCARD OLD FOOD	☐
WIPE DOWN APPLIANCES	☐
VACUUM/SWEEP/MOP FLOOR	☐
ORGANIZE CUPBOARD	☐
SPOT CLEAN THE FLOOR	☐
WIPE FRIDGE	☐
	☐

MONTHLY	
CLEAN WINDOWS	☐
WIPE CUPBOARD DOORS	☐
CLEAN OVEN AND RANGE	☐
CLEAN APPLIANCES	☐
	☐
	☐
	☐
	☐

BATHROOM

DAILY	MON	TUE	WED	THU	FRI	SAT	SUN
WIPE THE MIRROR	☐	☐	☐	☐	☐	☐	☐
WIPE COUNTERTOP	☐	☐	☐	☐	☐	☐	☐
CLEAN TOILET	☐	☐	☐	☐	☐	☐	☐
SQUEEGEE SHOWER DOOR	☐	☐	☐	☐	☐	☐	☐
	☐	☐	☐	☐	☐	☐	☐
	☐	☐	☐	☐	☐	☐	☐

WEEKLY	
CLEAN SINK/COUNTERTOP	☐
CLEAN TUB	☐
CLEAN TOILET	☐
EMPTY TRASH	☐
MOP FLOOR	☐
	☐
	☐

MONTHLY	
CLEAN WINDOWS	☐
WASH RUGS	☐
SCRUB TUB	☐
	☐
	☐
	☐
	☐

LIVING ROOM

DAILY	MON	TUE	WED	THU	FRI	SAT	SUN
ORGANIZE CLUTTER	☐	☐	☐	☐	☐	☐	☐
WIPE TABLES	☐	☐	☐	☐	☐	☐	☐
STRAIGHTEN CUSHIONS	☐	☐	☐	☐	☐	☐	☐

WEEKLY	
DUST TABLES & SHELVES	☐
VACUUM/SWEEP/MOP FLOOR	☐
	☐
	☐

MONTHLY	
DUST BLINDS/WASH CURTAINS	☐
WASH WINDOWS	☐
	☐
	☐

DINING ROOM

DAILY	MON	TUE	WED	THU	FRI	SAT	SUN
ORGANIZE CLUTTER	☐	☐	☐	☐	☐	☐	☐
WIPE TABLES	☐	☐	☐	☐	☐	☐	☐
	☐	☐	☐	☐	☐	☐	☐

WEEKLY	
DUST	☐
VACUUM/SWEEP/MOP FLOOR	☐
	☐
	☐

MONTHLY	
DUST BLINDS/WASH CURTAINS	☐
WASH WINDOWS	☐
	☐
	☐

GARAGE

DAILY	MON	TUE	WED	THU	FRI	SAT	SUN
ORGANIZE CLUTTER	☐	☐	☐	☐	☐	☐	☐
	☐	☐	☐	☐	☐	☐	☐

WEEKLY	
SWEEP GARAGE FLOOR	☐
	☐
	☐

MONTHLY	
DUST SHELVES	☐
	☐
	☐

YARD

DAILY	MON	TUE	WED	THU	FRI	SAT	SUN
WATER PLANTS	☐	☐	☐	☐	☐	☐	☐

WEEKLY	
SWEEP	☐
	☐

MONTHLY	
TRIM PLANTS	☐
	☐

CLEANING CHECKLIST

ROOM:								
DAILY	MON	TUE	WED	THU	FRI	SAT	SUN	
	☐	☐	☐	☐	☐	☐	☐	
	☐	☐	☐	☐	☐	☐	☐	
	☐	☐	☐	☐	☐	☐	☐	
	☐	☐	☐	☐	☐	☐	☐	
	☐	☐	☐	☐	☐	☐	☐	
	☐	☐	☐	☐	☐	☐	☐	
	☐	☐	☐	☐	☐	☐	☐	

WEEKLY		MONTHLY	
	☐		☐
	☐		☐
	☐		☐
	☐		☐
	☐		☐
	☐		☐
	☐		☐

ROOM:								
DAILY	MON	TUE	WED	THU	FRI	SAT	SUN	
	☐	☐	☐	☐	☐	☐	☐	
	☐	☐	☐	☐	☐	☐	☐	
	☐	☐	☐	☐	☐	☐	☐	
	☐	☐	☐	☐	☐	☐	☐	
	☐	☐	☐	☐	☐	☐	☐	
	☐	☐	☐	☐	☐	☐	☐	
	☐	☐	☐	☐	☐	☐	☐	

WEEKLY		MONTHLY	
	☐		☐
	☐		☐
	☐		☐
	☐		☐
	☐		☐
	☐		☐
	☐		☐

ROOM:								
DAILY	MON	TUE	WED	THU	FRI	SAT	SUN	
	☐	☐	☐	☐	☐	☐	☐	
	☐	☐	☐	☐	☐	☐	☐	
	☐	☐	☐	☐	☐	☐	☐	
	☐	☐	☐	☐	☐	☐	☐	
	☐	☐	☐	☐	☐	☐	☐	
	☐	☐	☐	☐	☐	☐	☐	
	☐	☐	☐	☐	☐	☐	☐	

WEEKLY		MONTHLY	
	☐		☐
	☐		☐
	☐		☐
	☐		☐
	☐		☐
	☐		☐
	☐		☐

ROOM:								
DAILY	MON	TUE	WED	THU	FRI	SAT	SUN	
	☐	☐	☐	☐	☐	☐	☐	
	☐	☐	☐	☐	☐	☐	☐	
	☐	☐	☐	☐	☐	☐	☐	
	☐	☐	☐	☐	☐	☐	☐	
	☐	☐	☐	☐	☐	☐	☐	
	☐	☐	☐	☐	☐	☐	☐	
	☐	☐	☐	☐	☐	☐	☐	

WEEKLY		MONTHLY	
	☐		☐
	☐		☐
	☐		☐
	☐		☐
	☐		☐
	☐		☐
	☐		☐

CLEANING CHECKLIST

KITCHEN

DAILY	MON	TUE	WED	THU	FRI	SAT	SUN
CLEAR AND WIPE TABLE	☐	☐	☐	☐	☐	☐	☐
WASH DISHES	☐	☐	☐	☐	☐	☐	☐
WIPE DOWN COUNTERTOP/STOVE	☐	☐	☐	☐	☐	☐	☐
CLEAN THE SINK	☐	☐	☐	☐	☐	☐	☐
TAKE OUT TRASH	☐	☐	☐	☐	☐	☐	☐
SPOT CLEAN THE FLOOR	☐	☐	☐	☐	☐	☐	☐
	☐	☐	☐	☐	☐	☐	☐

WEEKLY	
ORGANIZE FRIDGE	☐
DISCARD OLD FOOD	☐
WIPE DOWN APPLIANCES	☐
VACUUM/SWEEP/MOP FLOOR	☐
ORGANIZE CUPBOARD	☐
SPOT CLEAN THE FLOOR	☐
WIPE FRIDGE	☐
	☐

MONTHLY	
CLEAN WINDOWS	☐
WIPE CUPBOARD DOORS	☐
CLEAN OVEN AND RANGE	☐
CLEAN APPLIANCES	☐
	☐
	☐
	☐
	☐

BATHROOM

DAILY	MON	TUE	WED	THU	FRI	SAT	SUN
WIPE THE MIRROR	☐	☐	☐	☐	☐	☐	☐
WIPE COUNTERTOP	☐	☐	☐	☐	☐	☐	☐
CLEAN TOILET	☐	☐	☐	☐	☐	☐	☐
SQUEEGEE SHOWER DOOR	☐	☐	☐	☐	☐	☐	☐
	☐	☐	☐	☐	☐	☐	☐
	☐	☐	☐	☐	☐	☐	☐

WEEKLY	
CLEAN SINK/COUNTERTOP	☐
CLEAN TUB	☐
CLEAN TOILET	☐
EMPTY TRASH	☐
MOP FLOOR	☐
	☐
	☐

MONTHLY	
CLEAN WINDOWS	☐
WASH RUGS	☐
SCRUB TUB	☐
	☐
	☐
	☐
	☐

LIVING ROOM

DAILY	MON	TUE	WED	THU	FRI	SAT	SUN
ORGANIZE CLUTTER	☐	☐	☐	☐	☐	☐	☐
WIPE TABLES	☐	☐	☐	☐	☐	☐	☐
STRAIGHTEN CUSHIONS	☐	☐	☐	☐	☐	☐	☐

WEEKLY	
DUST TABLES & SHELVES	☐
VACUUM/SWEEP/MOP FLOOR	☐
	☐
	☐

MONTHLY	
DUST BLINDS/WASH CURTAINS	☐
WASH WINDOWS	☐
	☐
	☐

DINING ROOM

DAILY	MON	TUE	WED	THU	FRI	SAT	SUN
ORGANIZE CLUTTER	☐	☐	☐	☐	☐	☐	☐
WIPE TABLES	☐	☐	☐	☐	☐	☐	☐
	☐	☐	☐	☐	☐	☐	☐

WEEKLY	
DUST	☐
VACUUM/SWEEP/MOP FLOOR	☐
	☐
	☐

MONTHLY	
DUST BLINDS/WASH CURTAINS	☐
WASH WINDOWS	☐
	☐
	☐

GARAGE

DAILY	MON	TUE	WED	THU	FRI	SAT	SUN
ORGANIZE CLUTTER	☐	☐	☐	☐	☐	☐	☐
	☐	☐	☐	☐	☐	☐	☐

WEEKLY	
SWEEP GARAGE FLOOR	☐
	☐
	☐

MONTHLY	
DUST SHELVES	☐
	☐
	☐

YARD

DAILY	MON	TUE	WED	THU	FRI	SAT	SUN
WATER PLANTS	☐	☐	☐	☐	☐	☐	☐

WEEKLY	
SWEEP	☐
	☐

MONTHLY	
TRIM PLANTS	☐
	☐

CLEANING CHECKLIST

ROOM:							
DAILY	MON	TUE	WED	THU	FRI	SAT	SUN
	☐	☐	☐	☐	☐	☐	☐
	☐	☐	☐	☐	☐	☐	☐
	☐	☐	☐	☐	☐	☐	☐
	☐	☐	☐	☐	☐	☐	☐
	☐	☐	☐	☐	☐	☐	☐
	☐	☐	☐	☐	☐	☐	☐
	☐	☐	☐	☐	☐	☐	☐

WEEKLY		MONTHLY	
	☐		☐
	☐		☐
	☐		☐
	☐		☐
	☐		☐
	☐		☐
	☐		☐
	☐		☐

ROOM:							
DAILY	MON	TUE	WED	THU	FRI	SAT	SUN
	☐	☐	☐	☐	☐	☐	☐
	☐	☐	☐	☐	☐	☐	☐
	☐	☐	☐	☐	☐	☐	☐
	☐	☐	☐	☐	☐	☐	☐
	☐	☐	☐	☐	☐	☐	☐
	☐	☐	☐	☐	☐	☐	☐
	☐	☐	☐	☐	☐	☐	☐

WEEKLY		MONTHLY	
	☐		☐
	☐		☐
	☐		☐
	☐		☐
	☐		☐
	☐		☐
	☐		☐
	☐		☐

ROOM:							
DAILY	MON	TUE	WED	THU	FRI	SAT	SUN
	☐	☐	☐	☐	☐	☐	☐
	☐	☐	☐	☐	☐	☐	☐
	☐	☐	☐	☐	☐	☐	☐
	☐	☐	☐	☐	☐	☐	☐
	☐	☐	☐	☐	☐	☐	☐
	☐	☐	☐	☐	☐	☐	☐
	☐	☐	☐	☐	☐	☐	☐

WEEKLY		MONTHLY	
	☐		☐
	☐		☐
	☐		☐
	☐		☐
	☐		☐
	☐		☐
	☐		☐
	☐		☐

ROOM:							
DAILY	MON	TUE	WED	THU	FRI	SAT	SUN
	☐	☐	☐	☐	☐	☐	☐
	☐	☐	☐	☐	☐	☐	☐
	☐	☐	☐	☐	☐	☐	☐
	☐	☐	☐	☐	☐	☐	☐
	☐	☐	☐	☐	☐	☐	☐
	☐	☐	☐	☐	☐	☐	☐
	☐	☐	☐	☐	☐	☐	☐

WEEKLY		MONTHLY	
	☐		☐
	☐		☐
	☐		☐
	☐		☐
	☐		☐
	☐		☐
	☐		☐
	☐		☐

CLEANING CHECKLIST

KITCHEN

DAILY	MON	TUE	WED	THU	FRI	SAT	SUN
CLEAR AND WIPE TABLE	☐	☐	☐	☐	☐	☐	☐
WASH DISHES	☐	☐	☐	☐	☐	☐	☐
WIPE DOWN COUNTERTOP/STOVE	☐	☐	☐	☐	☐	☐	☐
CLEAN THE SINK	☐	☐	☐	☐	☐	☐	☐
TAKE OUT TRASH	☐	☐	☐	☐	☐	☐	☐
SPOT CLEAN THE FLOOR	☐	☐	☐	☐	☐	☐	☐
	☐	☐	☐	☐	☐	☐	☐

WEEKLY	
ORGANIZE FRIDGE	☐
DISCARD OLD FOOD	☐
WIPE DOWN APPLIANCES	☐
VACUUM/SWEEP/MOP FLOOR	☐
ORGANIZE CUPBOARD	☐
SPOT CLEAN THE FLOOR	☐
WIPE FRIDGE	☐
	☐

MONTHLY	
CLEAN WINDOWS	☐
WIPE CUPBOARD DOORS	☐
CLEAN OVEN AND RANGE	☐
CLEAN APPLIANCES	☐
	☐
	☐
	☐
	☐

BATHROOM

DAILY	MON	TUE	WED	THU	FRI	SAT	SUN
WIPE THE MIRROR	☐	☐	☐	☐	☐	☐	☐
WIPE COUNTERTOP	☐	☐	☐	☐	☐	☐	☐
CLEAN TOILET	☐	☐	☐	☐	☐	☐	☐
SQUEEGEE SHOWER DOOR	☐	☐	☐	☐	☐	☐	☐
	☐	☐	☐	☐	☐	☐	☐
	☐	☐	☐	☐	☐	☐	☐

WEEKLY	
CLEAN SINK/COUNTERTOP	☐
CLEAN TUB	☐
CLEAN TOILET	☐
EMPTY TRASH	☐
MOP FLOOR	☐
	☐
	☐

MONTHLY	
CLEAN WINDOWS	☐
WASH RUGS	☐
SCRUB TUB	☐
	☐
	☐
	☐
	☐

LIVING ROOM

DAILY	MON	TUE	WED	THU	FRI	SAT	SUN
ORGANIZE CLUTTER	☐	☐	☐	☐	☐	☐	☐
WIPE TABLES	☐	☐	☐	☐	☐	☐	☐
STRAIGHTEN CUSHIONS	☐	☐	☐	☐	☐	☐	☐

WEEKLY	
DUST TABLES & SHELVES	☐
VACUUM/SWEEP/MOP FLOOR	☐
	☐
	☐

MONTHLY	
DUST BLINDS/WASH CURTAINS	☐
WASH WINDOWS	☐
	☐
	☐

DINING ROOM

DAILY	MON	TUE	WED	THU	FRI	SAT	SUN
ORGANIZE CLUTTER	☐	☐	☐	☐	☐	☐	☐
WIPE TABLES	☐	☐	☐	☐	☐	☐	☐
	☐	☐	☐	☐	☐	☐	☐

WEEKLY	
DUST	☐
VACUUM/SWEEP/MOP FLOOR	☐
	☐
	☐

MONTHLY	
DUST BLINDS/WASH CURTAINS	☐
WASH WINDOWS	☐
	☐
	☐

GARAGE

DAILY	MON	TUE	WED	THU	FRI	SAT	SUN
ORGANIZE CLUTTER	☐	☐	☐	☐	☐	☐	☐
	☐	☐	☐	☐	☐	☐	☐

WEEKLY	
SWEEP GARAGE FLOOR	☐
	☐
	☐

MONTHLY	
DUST SHELVES	☐
	☐
	☐

YARD

DAILY	MON	TUE	WED	THU	FRI	SAT	SUN
WATER PLANTS	☐	☐	☐	☐	☐	☐	☐

WEEKLY	
SWEEP	☐
	☐

MONTHLY	
TRIM PLANTS	☐
	☐

CLEANING CHECKLIST

ROOM:							
DAILY	MON	TUE	WED	THU	FRI	SAT	SUN
	☐	☐	☐	☐	☐	☐	☐
	☐	☐	☐	☐	☐	☐	☐
	☐	☐	☐	☐	☐	☐	☐
	☐	☐	☐	☐	☐	☐	☐
	☐	☐	☐	☐	☐	☐	☐
	☐	☐	☐	☐	☐	☐	☐
	☐	☐	☐	☐	☐	☐	☐
	☐	☐	☐	☐	☐	☐	☐

WEEKLY		MONTHLY	
	☐		☐
	☐		☐
	☐		☐
	☐		☐
	☐		☐
	☐		☐
	☐		☐
	☐		☐

ROOM:							
DAILY	MON	TUE	WED	THU	FRI	SAT	SUN
	☐	☐	☐	☐	☐	☐	☐
	☐	☐	☐	☐	☐	☐	☐
	☐	☐	☐	☐	☐	☐	☐
	☐	☐	☐	☐	☐	☐	☐
	☐	☐	☐	☐	☐	☐	☐
	☐	☐	☐	☐	☐	☐	☐
	☐	☐	☐	☐	☐	☐	☐
	☐	☐	☐	☐	☐	☐	☐

WEEKLY		MONTHLY	
	☐		☐
	☐		☐
	☐		☐
	☐		☐
	☐		☐
	☐		☐
	☐		☐
	☐		☐

ROOM:							
DAILY	MON	TUE	WED	THU	FRI	SAT	SUN
	☐	☐	☐	☐	☐	☐	☐
	☐	☐	☐	☐	☐	☐	☐
	☐	☐	☐	☐	☐	☐	☐
	☐	☐	☐	☐	☐	☐	☐
	☐	☐	☐	☐	☐	☐	☐
	☐	☐	☐	☐	☐	☐	☐
	☐	☐	☐	☐	☐	☐	☐
	☐	☐	☐	☐	☐	☐	☐

WEEKLY		MONTHLY	
	☐		☐
	☐		☐
	☐		☐
	☐		☐
	☐		☐
	☐		☐
	☐		☐
	☐		☐

ROOM:							
DAILY	MON	TUE	WED	THU	FRI	SAT	SUN
	☐	☐	☐	☐	☐	☐	☐
	☐	☐	☐	☐	☐	☐	☐
	☐	☐	☐	☐	☐	☐	☐
	☐	☐	☐	☐	☐	☐	☐
	☐	☐	☐	☐	☐	☐	☐
	☐	☐	☐	☐	☐	☐	☐
	☐	☐	☐	☐	☐	☐	☐
	☐	☐	☐	☐	☐	☐	☐

WEEKLY		MONTHLY	
	☐		☐
	☐		☐
	☐		☐
	☐		☐
	☐		☐
	☐		☐
	☐		☐
	☐		☐

CLEANING CHECKLIST

KITCHEN

DAILY	MON	TUE	WED	THU	FRI	SAT	SUN
CLEAR AND WIPE TABLE	☐	☐	☐	☐	☐	☐	☐
WASH DISHES	☐	☐	☐	☐	☐	☐	☐
WIPE DOWN COUNTERTOP/STOVE	☐	☐	☐	☐	☐	☐	☐
CLEAN THE SINK	☐	☐	☐	☐	☐	☐	☐
TAKE OUT TRASH	☐	☐	☐	☐	☐	☐	☐
SPOT CLEAN THE FLOOR	☐	☐	☐	☐	☐	☐	☐
	☐	☐	☐	☐	☐	☐	☐

WEEKLY	
ORGANIZE FRIDGE	☐
DISCARD OLD FOOD	☐
WIPE DOWN APPLIANCES	☐
VACUUM/SWEEP/MOP FLOOR	☐
ORGANIZE CUPBOARD	☐
SPOT CLEAN THE FLOOR	☐
WIPE FRIDGE	☐
	☐

MONTHLY	
CLEAN WINDOWS	☐
WIPE CUPBOARD DOORS	☐
CLEAN OVEN AND RANGE	☐
CLEAN APPLIANCES	☐
	☐
	☐
	☐
	☐

BATHROOM

DAILY	MON	TUE	WED	THU	FRI	SAT	SUN
WIPE THE MIRROR	☐	☐	☐	☐	☐	☐	☐
WIPE COUNTERTOP	☐	☐	☐	☐	☐	☐	☐
CLEAN TOILET	☐	☐	☐	☐	☐	☐	☐
SQUEEGEE SHOWER DOOR	☐	☐	☐	☐	☐	☐	☐
	☐	☐	☐	☐	☐	☐	☐
	☐	☐	☐	☐	☐	☐	☐

WEEKLY	
CLEAN SINK/COUNTERTOP	☐
CLEAN TUB	☐
CLEAN TOILET	☐
EMPTY TRASH	☐
MOP FLOOR	☐
	☐
	☐

MONTHLY	
CLEAN WINDOWS	☐
WASH RUGS	☐
SCRUB TUB	☐
	☐
	☐
	☐
	☐

LIVING ROOM

DAILY	MON	TUE	WED	THU	FRI	SAT	SUN
ORGANIZE CLUTTER	☐	☐	☐	☐	☐	☐	☐
WIPE TABLES	☐	☐	☐	☐	☐	☐	☐
STRAIGHTEN CUSHIONS	☐	☐	☐	☐	☐	☐	☐

WEEKLY	
DUST TABLES & SHELVES	☐
VACUUM/SWEEP/MOP FLOOR	☐
	☐
	☐

MONTHLY	
DUST BLINDS/WASH CURTAINS	☐
WASH WINDOWS	☐
	☐
	☐

DINING ROOM

DAILY	MON	TUE	WED	THU	FRI	SAT	SUN
ORGANIZE CLUTTER	☐	☐	☐	☐	☐	☐	☐
WIPE TABLES	☐	☐	☐	☐	☐	☐	☐
	☐	☐	☐	☐	☐	☐	☐

WEEKLY	
DUST	☐
VACUUM/SWEEP/MOP FLOOR	☐
	☐
	☐

MONTHLY	
DUST BLINDS/WASH CURTAINS	☐
WASH WINDOWS	☐
	☐
	☐

GARAGE

DAILY	MON	TUE	WED	THU	FRI	SAT	SUN
ORGANIZE CLUTTER	☐	☐	☐	☐	☐	☐	☐
	☐	☐	☐	☐	☐	☐	☐

WEEKLY	
SWEEP GARAGE FLOOR	☐
	☐
	☐

MONTHLY	
DUST SHELVES	☐
	☐
	☐

YARD

DAILY	MON	TUE	WED	THU	FRI	SAT	SUN
WATER PLANTS	☐	☐	☐	☐	☐	☐	☐

WEEKLY	
SWEEP	☐
	☐

MONTHLY	
TRIM PLANTS	☐
	☐

CLEANING CHECKLIST

ROOM:								
DAILY		MON	TUE	WED	THU	FRI	SAT	SUN
		☐	☐	☐	☐	☐	☐	☐
		☐	☐	☐	☐	☐	☐	☐
		☐	☐	☐	☐	☐	☐	☐
		☐	☐	☐	☐	☐	☐	☐
		☐	☐	☐	☐	☐	☐	☐
		☐	☐	☐	☐	☐	☐	☐
		☐	☐	☐	☐	☐	☐	☐

WEEKLY		MONTHLY	
	☐		☐
	☐		☐
	☐		☐
	☐		☐
	☐		☐
	☐		☐
	☐		☐

ROOM:								
DAILY		MON	TUE	WED	THU	FRI	SAT	SUN
		☐	☐	☐	☐	☐	☐	☐
		☐	☐	☐	☐	☐	☐	☐
		☐	☐	☐	☐	☐	☐	☐
		☐	☐	☐	☐	☐	☐	☐
		☐	☐	☐	☐	☐	☐	☐
		☐	☐	☐	☐	☐	☐	☐
		☐	☐	☐	☐	☐	☐	☐

WEEKLY		MONTHLY	
	☐		☐
	☐		☐
	☐		☐
	☐		☐
	☐		☐
	☐		☐
	☐		☐

ROOM:								
DAILY		MON	TUE	WED	THU	FRI	SAT	SUN
		☐	☐	☐	☐	☐	☐	☐
		☐	☐	☐	☐	☐	☐	☐
		☐	☐	☐	☐	☐	☐	☐
		☐	☐	☐	☐	☐	☐	☐
		☐	☐	☐	☐	☐	☐	☐
		☐	☐	☐	☐	☐	☐	☐
		☐	☐	☐	☐	☐	☐	☐

WEEKLY		MONTHLY	
	☐		☐
	☐		☐
	☐		☐
	☐		☐
	☐		☐
	☐		☐
	☐		☐

ROOM:								
DAILY		MON	TUE	WED	THU	FRI	SAT	SUN
		☐	☐	☐	☐	☐	☐	☐
		☐	☐	☐	☐	☐	☐	☐
		☐	☐	☐	☐	☐	☐	☐
		☐	☐	☐	☐	☐	☐	☐
		☐	☐	☐	☐	☐	☐	☐
		☐	☐	☐	☐	☐	☐	☐
		☐	☐	☐	☐	☐	☐	☐

WEEKLY		MONTHLY	
	☐		☐
	☐		☐
	☐		☐
	☐		☐
	☐		☐
	☐		☐
	☐		☐

CLEANING CHECKLIST

KITCHEN

DAILY	MON	TUE	WED	THU	FRI	SAT	SUN
CLEAR AND WIPE TABLE	☐	☐	☐	☐	☐	☐	☐
WASH DISHES	☐	☐	☐	☐	☐	☐	☐
WIPE DOWN COUNTERTOP/STOVE	☐	☐	☐	☐	☐	☐	☐
CLEAN THE SINK	☐	☐	☐	☐	☐	☐	☐
TAKE OUT TRASH	☐	☐	☐	☐	☐	☐	☐
SPOT CLEAN THE FLOOR	☐	☐	☐	☐	☐	☐	☐
	☐	☐	☐	☐	☐	☐	☐

WEEKLY	
ORGANIZE FRIDGE	☐
DISCARD OLD FOOD	☐
WIPE DOWN APPLIANCES	☐
VACUUM/SWEEP/MOP FLOOR	☐
ORGANIZE CUPBOARD	☐
SPOT CLEAN THE FLOOR	☐
WIPE FRIDGE	☐
	☐

MONTHLY	
CLEAN WINDOWS	☐
WIPE CUPBOARD DOORS	☐
CLEAN OVEN AND RANGE	☐
CLEAN APPLIANCES	☐
	☐
	☐
	☐
	☐

BATHROOM

DAILY	MON	TUE	WED	THU	FRI	SAT	SUN
WIPE THE MIRROR	☐	☐	☐	☐	☐	☐	☐
WIPE COUNTERTOP	☐	☐	☐	☐	☐	☐	☐
CLEAN TOILET	☐	☐	☐	☐	☐	☐	☐
SQUEEGEE SHOWER DOOR	☐	☐	☐	☐	☐	☐	☐
	☐	☐	☐	☐	☐	☐	☐
	☐	☐	☐	☐	☐	☐	☐

WEEKLY	
CLEAN SINK/COUNTERTOP	☐
CLEAN TUB	☐
CLEAN TOILET	☐
EMPTY TRASH	☐
MOP FLOOR	☐
	☐
	☐

MONTHLY	
CLEAN WINDOWS	☐
WASH RUGS	☐
SCRUB TUB	☐
	☐
	☐
	☐
	☐

LIVING ROOM

DAILY	MON	TUE	WED	THU	FRI	SAT	SUN
ORGANIZE CLUTTER	☐	☐	☐	☐	☐	☐	☐
WIPE TABLES	☐	☐	☐	☐	☐	☐	☐
STRAIGHTEN CUSHIONS	☐	☐	☐	☐	☐	☐	☐

WEEKLY	
DUST TABLES & SHELVES	☐
VACUUM/SWEEP/MOP FLOOR	☐
	☐
	☐

MONTHLY	
DUST BLINDS/WASH CURTAINS	☐
WASH WINDOWS	☐
	☐
	☐

DINING ROOM

DAILY	MON	TUE	WED	THU	FRI	SAT	SUN
ORGANIZE CLUTTER	☐	☐	☐	☐	☐	☐	☐
WIPE TABLES	☐	☐	☐	☐	☐	☐	☐
	☐	☐	☐	☐	☐	☐	☐

WEEKLY	
DUST	☐
VACUUM/SWEEP/MOP FLOOR	☐
	☐
	☐

MONTHLY	
DUST BLINDS/WASH CURTAINS	☐
WASH WINDOWS	☐
	☐
	☐

GARAGE

DAILY	MON	TUE	WED	THU	FRI	SAT	SUN
ORGANIZE CLUTTER	☐	☐	☐	☐	☐	☐	☐
	☐	☐	☐	☐	☐	☐	☐

WEEKLY	
SWEEP GARAGE FLOOR	☐
	☐
	☐

MONTHLY	
DUST SHELVES	☐
	☐
	☐

YARD

DAILY	MON	TUE	WED	THU	FRI	SAT	SUN
WATER PLANTS	☐	☐	☐	☐	☐	☐	☐

WEEKLY	
SWEEP	☐
	☐

MONTHLY	
TRIM PLANTS	☐
	☐

CLEANING CHECKLIST

ROOM:							
DAILY	MON	TUE	WED	THU	FRI	SAT	SUN
	☐	☐	☐	☐	☐	☐	☐
	☐	☐	☐	☐	☐	☐	☐
	☐	☐	☐	☐	☐	☐	☐
	☐	☐	☐	☐	☐	☐	☐
	☐	☐	☐	☐	☐	☐	☐
	☐	☐	☐	☐	☐	☐	☐
	☐	☐	☐	☐	☐	☐	☐

WEEKLY		MONTHLY	
	☐		☐
	☐		☐
	☐		☐
	☐		☐
	☐		☐
	☐		☐
	☐		☐

ROOM:							
DAILY	MON	TUE	WED	THU	FRI	SAT	SUN
	☐	☐	☐	☐	☐	☐	☐
	☐	☐	☐	☐	☐	☐	☐
	☐	☐	☐	☐	☐	☐	☐
	☐	☐	☐	☐	☐	☐	☐
	☐	☐	☐	☐	☐	☐	☐
	☐	☐	☐	☐	☐	☐	☐
	☐	☐	☐	☐	☐	☐	☐

WEEKLY		MONTHLY	
	☐		☐
	☐		☐
	☐		☐
	☐		☐
	☐		☐
	☐		☐
	☐		☐

ROOM:							
DAILY	MON	TUE	WED	THU	FRI	SAT	SUN
	☐	☐	☐	☐	☐	☐	☐
	☐	☐	☐	☐	☐	☐	☐
	☐	☐	☐	☐	☐	☐	☐
	☐	☐	☐	☐	☐	☐	☐
	☐	☐	☐	☐	☐	☐	☐
	☐	☐	☐	☐	☐	☐	☐
	☐	☐	☐	☐	☐	☐	☐

WEEKLY		MONTHLY	
	☐		☐
	☐		☐
	☐		☐
	☐		☐
	☐		☐
	☐		☐
	☐		☐

ROOM:							
DAILY	MON	TUE	WED	THU	FRI	SAT	SUN
	☐	☐	☐	☐	☐	☐	☐
	☐	☐	☐	☐	☐	☐	☐
	☐	☐	☐	☐	☐	☐	☐
	☐	☐	☐	☐	☐	☐	☐
	☐	☐	☐	☐	☐	☐	☐
	☐	☐	☐	☐	☐	☐	☐
	☐	☐	☐	☐	☐	☐	☐

WEEKLY		MONTHLY	
	☐		☐
	☐		☐
	☐		☐
	☐		☐
	☐		☐
	☐		☐
	☐		☐

CLEANING CHECKLIST

KITCHEN

DAILY	MON	TUE	WED	THU	FRI	SAT	SUN
CLEAR AND WIPE TABLE	☐	☐	☐	☐	☐	☐	☐
WASH DISHES	☐	☐	☐	☐	☐	☐	☐
WIPE DOWN COUNTERTOP/STOVE	☐	☐	☐	☐	☐	☐	☐
CLEAN THE SINK	☐	☐	☐	☐	☐	☐	☐
TAKE OUT TRASH	☐	☐	☐	☐	☐	☐	☐
SPOT CLEAN THE FLOOR	☐	☐	☐	☐	☐	☐	☐
	☐	☐	☐	☐	☐	☐	☐

WEEKLY	
ORGANIZE FRIDGE	☐
DISCARD OLD FOOD	☐
WIPE DOWN APPLIANCES	☐
VACUUM/SWEEP/MOP FLOOR	☐
ORGANIZE CUPBOARD	☐
SPOT CLEAN THE FLOOR	☐
WIPE FRIDGE	☐
	☐

MONTHLY	
CLEAN WINDOWS	☐
WIPE CUPBOARD DOORS	☐
CLEAN OVEN AND RANGE	☐
CLEAN APPLIANCES	☐
	☐
	☐
	☐
	☐

BATHROOM

DAILY	MON	TUE	WED	THU	FRI	SAT	SUN
WIPE THE MIRROR	☐	☐	☐	☐	☐	☐	☐
WIPE COUNTERTOP	☐	☐	☐	☐	☐	☐	☐
CLEAN TOILET	☐	☐	☐	☐	☐	☐	☐
SQUEEGEE SHOWER DOOR	☐	☐	☐	☐	☐	☐	☐
	☐	☐	☐	☐	☐	☐	☐
	☐	☐	☐	☐	☐	☐	☐

WEEKLY	
CLEAN SINK/COUNTERTOP	☐
CLEAN TUB	☐
CLEAN TOILET	☐
EMPTY TRASH	☐
MOP FLOOR	☐
	☐
	☐

MONTHLY	
CLEAN WINDOWS	☐
WASH RUGS	☐
SCRUB TUB	☐
	☐
	☐
	☐
	☐

LIVING ROOM

DAILY	MON	TUE	WED	THU	FRI	SAT	SUN
ORGANIZE CLUTTER	☐	☐	☐	☐	☐	☐	☐
WIPE TABLES	☐	☐	☐	☐	☐	☐	☐
STRAIGHTEN CUSHIONS	☐	☐	☐	☐	☐	☐	☐

WEEKLY	
DUST TABLES & SHELVES	☐
VACUUM/SWEEP/MOP FLOOR	☐
	☐
	☐

MONTHLY	
DUST BLINDS/WASH CURTAINS	☐
WASH WINDOWS	☐
	☐
	☐

DINING ROOM

DAILY	MON	TUE	WED	THU	FRI	SAT	SUN
ORGANIZE CLUTTER	☐	☐	☐	☐	☐	☐	☐
WIPE TABLES	☐	☐	☐	☐	☐	☐	☐
	☐	☐	☐	☐	☐	☐	☐

WEEKLY	
DUST	☐
VACUUM/SWEEP/MOP FLOOR	☐
	☐
	☐

MONTHLY	
DUST BLINDS/WASH CURTAINS	☐
WASH WINDOWS	☐
	☐
	☐

GARAGE

DAILY	MON	TUE	WED	THU	FRI	SAT	SUN
ORGANIZE CLUTTER	☐	☐	☐	☐	☐	☐	☐
	☐	☐	☐	☐	☐	☐	☐

WEEKLY	
SWEEP GARAGE FLOOR	☐
	☐
	☐

MONTHLY	
DUST SHELVES	☐
	☐
	☐

YARD

DAILY	MON	TUE	WED	THU	FRI	SAT	SUN
WATER PLANTS	☐	☐	☐	☐	☐	☐	☐

WEEKLY	
SWEEP	☐
	☐

MONTHLY	
TRIM PLANTS	☐
	☐

CLEANING CHECKLIST

ROOM:

DAILY	MON	TUE	WED	THU	FRI	SAT	SUN
	☐	☐	☐	☐	☐	☐	☐
	☐	☐	☐	☐	☐	☐	☐
	☐	☐	☐	☐	☐	☐	☐
	☐	☐	☐	☐	☐	☐	☐
	☐	☐	☐	☐	☐	☐	☐
	☐	☐	☐	☐	☐	☐	☐
	☐	☐	☐	☐	☐	☐	☐

WEEKLY		MONTHLY	
	☐		☐
	☐		☐
	☐		☐
	☐		☐
	☐		☐
	☐		☐
	☐		☐

ROOM:

DAILY	MON	TUE	WED	THU	FRI	SAT	SUN
	☐	☐	☐	☐	☐	☐	☐
	☐	☐	☐	☐	☐	☐	☐
	☐	☐	☐	☐	☐	☐	☐
	☐	☐	☐	☐	☐	☐	☐
	☐	☐	☐	☐	☐	☐	☐
	☐	☐	☐	☐	☐	☐	☐
	☐	☐	☐	☐	☐	☐	☐

WEEKLY		MONTHLY	
	☐		☐
	☐		☐
	☐		☐
	☐		☐
	☐		☐
	☐		☐
	☐		☐

ROOM:

DAILY	MON	TUE	WED	THU	FRI	SAT	SUN
	☐	☐	☐	☐	☐	☐	☐
	☐	☐	☐	☐	☐	☐	☐
	☐	☐	☐	☐	☐	☐	☐
	☐	☐	☐	☐	☐	☐	☐
	☐	☐	☐	☐	☐	☐	☐
	☐	☐	☐	☐	☐	☐	☐
	☐	☐	☐	☐	☐	☐	☐

WEEKLY		MONTHLY	
	☐		☐
	☐		☐
	☐		☐
	☐		☐
	☐		☐
	☐		☐
	☐		☐

ROOM:

DAILY	MON	TUE	WED	THU	FRI	SAT	SUN
	☐	☐	☐	☐	☐	☐	☐
	☐	☐	☐	☐	☐	☐	☐
	☐	☐	☐	☐	☐	☐	☐
	☐	☐	☐	☐	☐	☐	☐
	☐	☐	☐	☐	☐	☐	☐
	☐	☐	☐	☐	☐	☐	☐
	☐	☐	☐	☐	☐	☐	☐

WEEKLY		MONTHLY	
	☐		☐
	☐		☐
	☐		☐
	☐		☐
	☐		☐
	☐		☐
	☐		☐

CLEANING CHECKLIST

KITCHEN

DAILY	MON	TUE	WED	THU	FRI	SAT	SUN
CLEAR AND WIPE TABLE	☐	☐	☐	☐	☐	☐	☐
WASH DISHES	☐	☐	☐	☐	☐	☐	☐
WIPE DOWN COUNTERTOP/STOVE	☐	☐	☐	☐	☐	☐	☐
CLEAN THE SINK	☐	☐	☐	☐	☐	☐	☐
TAKE OUT TRASH	☐	☐	☐	☐	☐	☐	☐
SPOT CLEAN THE FLOOR	☐	☐	☐	☐	☐	☐	☐
	☐	☐	☐	☐	☐	☐	☐

WEEKLY	
ORGANIZE FRIDGE	☐
DISCARD OLD FOOD	☐
WIPE DOWN APPLIANCES	☐
VACUUM/SWEEP/MOP FLOOR	☐
ORGANIZE CUPBOARD	☐
SPOT CLEAN THE FLOOR	☐
WIPE FRIDGE	☐
	☐

MONTHLY	
CLEAN WINDOWS	☐
WIPE CUPBOARD DOORS	☐
CLEAN OVEN AND RANGE	☐
CLEAN APPLIANCES	☐
	☐
	☐
	☐
	☐

BATHROOM

DAILY	MON	TUE	WED	THU	FRI	SAT	SUN
WIPE THE MIRROR	☐	☐	☐	☐	☐	☐	☐
WIPE COUNTERTOP	☐	☐	☐	☐	☐	☐	☐
CLEAN TOILET	☐	☐	☐	☐	☐	☐	☐
SQUEEGEE SHOWER DOOR	☐	☐	☐	☐	☐	☐	☐
	☐	☐	☐	☐	☐	☐	☐
	☐	☐	☐	☐	☐	☐	☐

WEEKLY	
CLEAN SINK/COUNTERTOP	☐
CLEAN TUB	☐
CLEAN TOILET	☐
EMPTY TRASH	☐
MOP FLOOR	☐
	☐
	☐

MONTHLY	
CLEAN WINDOWS	☐
WASH RUGS	☐
SCRUB TUB	☐
	☐
	☐
	☐
	☐

LIVING ROOM

DAILY	MON	TUE	WED	THU	FRI	SAT	SUN
ORGANIZE CLUTTER	☐	☐	☐	☐	☐	☐	☐
WIPE TABLES	☐	☐	☐	☐	☐	☐	☐
STRAIGHTEN CUSHIONS	☐	☐	☐	☐	☐	☐	☐

WEEKLY	
DUST TABLES & SHELVES	☐
VACUUM/SWEEP/MOP FLOOR	☐
	☐
	☐

MONTHLY	
DUST BLINDS/WASH CURTAINS	☐
WASH WINDOWS	☐
	☐
	☐

DINING ROOM

DAILY	MON	TUE	WED	THU	FRI	SAT	SUN
ORGANIZE CLUTTER	☐	☐	☐	☐	☐	☐	☐
WIPE TABLES	☐	☐	☐	☐	☐	☐	☐
	☐	☐	☐	☐	☐	☐	☐

WEEKLY	
DUST	☐
VACUUM/SWEEP/MOP FLOOR	☐
	☐
	☐

MONTHLY	
DUST BLINDS/WASH CURTAINS	☐
WASH WINDOWS	☐
	☐
	☐

GARAGE

DAILY	MON	TUE	WED	THU	FRI	SAT	SUN
ORGANIZE CLUTTER	☐	☐	☐	☐	☐	☐	☐
	☐	☐	☐	☐	☐	☐	☐

WEEKLY	
SWEEP GARAGE FLOOR	☐
	☐
	☐

MONTHLY	
DUST SHELVES	☐
	☐
	☐

YARD

DAILY	MON	TUE	WED	THU	FRI	SAT	SUN
WATER PLANTS	☐	☐	☐	☐	☐	☐	☐

WEEKLY	
SWEEP	☐
	☐

MONTHLY	
TRIM PLANTS	☐
	☐

CLEANING CHECKLIST

ROOM:								
DAILY	MON	TUE	WED	THU	FRI	SAT	SUN	
	☐	☐	☐	☐	☐	☐	☐	
	☐	☐	☐	☐	☐	☐	☐	
	☐	☐	☐	☐	☐	☐	☐	
	☐	☐	☐	☐	☐	☐	☐	
	☐	☐	☐	☐	☐	☐	☐	
	☐	☐	☐	☐	☐	☐	☐	
	☐	☐	☐	☐	☐	☐	☐	

WEEKLY		MONTHLY	
	☐		☐
	☐		☐
	☐		☐
	☐		☐
	☐		☐
	☐		☐
	☐		☐

ROOM:								
DAILY	MON	TUE	WED	THU	FRI	SAT	SUN	
	☐	☐	☐	☐	☐	☐	☐	
	☐	☐	☐	☐	☐	☐	☐	
	☐	☐	☐	☐	☐	☐	☐	
	☐	☐	☐	☐	☐	☐	☐	
	☐	☐	☐	☐	☐	☐	☐	
	☐	☐	☐	☐	☐	☐	☐	
	☐	☐	☐	☐	☐	☐	☐	

WEEKLY		MONTHLY	
	☐		☐
	☐		☐
	☐		☐
	☐		☐
	☐		☐
	☐		☐
	☐		☐

ROOM:								
DAILY	MON	TUE	WED	THU	FRI	SAT	SUN	
	☐	☐	☐	☐	☐	☐	☐	
	☐	☐	☐	☐	☐	☐	☐	
	☐	☐	☐	☐	☐	☐	☐	
	☐	☐	☐	☐	☐	☐	☐	
	☐	☐	☐	☐	☐	☐	☐	
	☐	☐	☐	☐	☐	☐	☐	
	☐	☐	☐	☐	☐	☐	☐	

WEEKLY		MONTHLY	
	☐		☐
	☐		☐
	☐		☐
	☐		☐
	☐		☐
	☐		☐
	☐		☐

ROOM:								
DAILY	MON	TUE	WED	THU	FRI	SAT	SUN	
	☐	☐	☐	☐	☐	☐	☐	
	☐	☐	☐	☐	☐	☐	☐	
	☐	☐	☐	☐	☐	☐	☐	
	☐	☐	☐	☐	☐	☐	☐	
	☐	☐	☐	☐	☐	☐	☐	
	☐	☐	☐	☐	☐	☐	☐	
	☐	☐	☐	☐	☐	☐	☐	

WEEKLY		MONTHLY	
	☐		☐
	☐		☐
	☐		☐
	☐		☐
	☐		☐
	☐		☐
	☐		☐

CLEANING CHECKLIST

KITCHEN

DAILY	MON	TUE	WED	THU	FRI	SAT	SUN
CLEAR AND WIPE TABLE	☐	☐	☐	☐	☐	☐	☐
WASH DISHES	☐	☐	☐	☐	☐	☐	☐
WIPE DOWN COUNTERTOP/STOVE	☐	☐	☐	☐	☐	☐	☐
CLEAN THE SINK	☐	☐	☐	☐	☐	☐	☐
TAKE OUT TRASH	☐	☐	☐	☐	☐	☐	☐
SPOT CLEAN THE FLOOR	☐	☐	☐	☐	☐	☐	☐
	☐	☐	☐	☐	☐	☐	☐

WEEKLY	
ORGANIZE FRIDGE	☐
DISCARD OLD FOOD	☐
WIPE DOWN APPLIANCES	☐
VACUUM/SWEEP/MOP FLOOR	☐
ORGANIZE CUPBOARD	☐
SPOT CLEAN THE FLOOR	☐
WIPE FRIDGE	☐
	☐

MONTHLY	
CLEAN WINDOWS	☐
WIPE CUPBOARD DOORS	☐
CLEAN OVEN AND RANGE	☐
CLEAN APPLIANCES	☐
	☐
	☐
	☐
	☐

BATHROOM

DAILY	MON	TUE	WED	THU	FRI	SAT	SUN
WIPE THE MIRROR	☐	☐	☐	☐	☐	☐	☐
WIPE COUNTERTOP	☐	☐	☐	☐	☐	☐	☐
CLEAN TOILET	☐	☐	☐	☐	☐	☐	☐
SQUEEGEE SHOWER DOOR	☐	☐	☐	☐	☐	☐	☐
	☐	☐	☐	☐	☐	☐	☐
	☐	☐	☐	☐	☐	☐	☐

WEEKLY	
CLEAN SINK/COUNTERTOP	☐
CLEAN TUB	☐
CLEAN TOILET	☐
EMPTY TRASH	☐
MOP FLOOR	☐
	☐
	☐

MONTHLY	
CLEAN WINDOWS	☐
WASH RUGS	☐
SCRUB TUB	☐
	☐
	☐
	☐
	☐

LIVING ROOM

DAILY	MON	TUE	WED	THU	FRI	SAT	SUN
ORGANIZE CLUTTER	☐	☐	☐	☐	☐	☐	☐
WIPE TABLES	☐	☐	☐	☐	☐	☐	☐
STRAIGHTEN CUSHIONS	☐	☐	☐	☐	☐	☐	☐

WEEKLY	
DUST TABLES & SHELVES	☐
VACUUM/SWEEP/MOP FLOOR	☐
	☐
	☐

MONTHLY	
DUST BLINDS/WASH CURTAINS	☐
WASH WINDOWS	☐
	☐
	☐

DINING ROOM

DAILY	MON	TUE	WED	THU	FRI	SAT	SUN
ORGANIZE CLUTTER	☐	☐	☐	☐	☐	☐	☐
WIPE TABLES	☐	☐	☐	☐	☐	☐	☐
	☐	☐	☐	☐	☐	☐	☐

WEEKLY	
DUST	☐
VACUUM/SWEEP/MOP FLOOR	☐
	☐
	☐

MONTHLY	
DUST BLINDS/WASH CURTAINS	☐
WASH WINDOWS	☐
	☐
	☐

GARAGE

DAILY	MON	TUE	WED	THU	FRI	SAT	SUN
ORGANIZE CLUTTER	☐	☐	☐	☐	☐	☐	☐
	☐	☐	☐	☐	☐	☐	☐

WEEKLY	
SWEEP GARAGE FLOOR	☐
	☐
	☐

MONTHLY	
DUST SHELVES	☐
	☐
	☐

YARD

DAILY	MON	TUE	WED	THU	FRI	SAT	SUN
WATER PLANTS	☐	☐	☐	☐	☐	☐	☐

WEEKLY	
SWEEP	☐
	☐

MONTHLY	
TRIM PLANTS	☐
	☐

CLEANING CHECKLIST

ROOM:								
DAILY		MON	TUE	WED	THU	FRI	SAT	SUN
		☐	☐	☐	☐	☐	☐	☐
		☐	☐	☐	☐	☐	☐	☐
		☐	☐	☐	☐	☐	☐	☐
		☐	☐	☐	☐	☐	☐	☐
		☐	☐	☐	☐	☐	☐	☐
		☐	☐	☐	☐	☐	☐	☐
		☐	☐	☐	☐	☐	☐	☐

WEEKLY		MONTHLY	
	☐		☐
	☐		☐
	☐		☐
	☐		☐
	☐		☐
	☐		☐
	☐		☐
	☐		☐

ROOM:								
DAILY		MON	TUE	WED	THU	FRI	SAT	SUN
		☐	☐	☐	☐	☐	☐	☐
		☐	☐	☐	☐	☐	☐	☐
		☐	☐	☐	☐	☐	☐	☐
		☐	☐	☐	☐	☐	☐	☐
		☐	☐	☐	☐	☐	☐	☐
		☐	☐	☐	☐	☐	☐	☐
		☐	☐	☐	☐	☐	☐	☐

WEEKLY		MONTHLY	
	☐		☐
	☐		☐
	☐		☐
	☐		☐
	☐		☐
	☐		☐
	☐		☐
	☐		☐

ROOM:								
DAILY		MON	TUE	WED	THU	FRI	SAT	SUN
		☐	☐	☐	☐	☐	☐	☐
		☐	☐	☐	☐	☐	☐	☐
		☐	☐	☐	☐	☐	☐	☐
		☐	☐	☐	☐	☐	☐	☐
		☐	☐	☐	☐	☐	☐	☐
		☐	☐	☐	☐	☐	☐	☐
		☐	☐	☐	☐	☐	☐	☐

WEEKLY		MONTHLY	
	☐		☐
	☐		☐
	☐		☐
	☐		☐
	☐		☐
	☐		☐
	☐		☐
	☐		☐

ROOM:								
DAILY		MON	TUE	WED	THU	FRI	SAT	SUN
		☐	☐	☐	☐	☐	☐	☐
		☐	☐	☐	☐	☐	☐	☐
		☐	☐	☐	☐	☐	☐	☐
		☐	☐	☐	☐	☐	☐	☐
		☐	☐	☐	☐	☐	☐	☐
		☐	☐	☐	☐	☐	☐	☐
		☐	☐	☐	☐	☐	☐	☐

WEEKLY		MONTHLY	
	☐		☐
	☐		☐
	☐		☐
	☐		☐
	☐		☐
	☐		☐
	☐		☐
	☐		☐

CLEANING CHECKLIST

KITCHEN

DAILY	MON	TUE	WED	THU	FRI	SAT	SUN
CLEAR AND WIPE TABLE	☐	☐	☐	☐	☐	☐	☐
WASH DISHES	☐	☐	☐	☐	☐	☐	☐
WIPE DOWN COUNTERTOP/STOVE	☐	☐	☐	☐	☐	☐	☐
CLEAN THE SINK	☐	☐	☐	☐	☐	☐	☐
TAKE OUT TRASH	☐	☐	☐	☐	☐	☐	☐
SPOT CLEAN THE FLOOR	☐	☐	☐	☐	☐	☐	☐
	☐	☐	☐	☐	☐	☐	☐

WEEKLY	
ORGANIZE FRIDGE	☐
DISCARD OLD FOOD	☐
WIPE DOWN APPLIANCES	☐
VACUUM/SWEEP/MOP FLOOR	☐
ORGANIZE CUPBOARD	☐
SPOT CLEAN THE FLOOR	☐
WIPE FRIDGE	☐
	☐

MONTHLY	
CLEAN WINDOWS	☐
WIPE CUPBOARD DOORS	☐
CLEAN OVEN AND RANGE	☐
CLEAN APPLIANCES	☐
	☐
	☐
	☐
	☐

BATHROOM

DAILY	MON	TUE	WED	THU	FRI	SAT	SUN
WIPE THE MIRROR	☐	☐	☐	☐	☐	☐	☐
WIPE COUNTERTOP	☐	☐	☐	☐	☐	☐	☐
CLEAN TOILET	☐	☐	☐	☐	☐	☐	☐
SQUEEGEE SHOWER DOOR	☐	☐	☐	☐	☐	☐	☐
	☐	☐	☐	☐	☐	☐	☐
	☐	☐	☐	☐	☐	☐	☐

WEEKLY	
CLEAN SINK/COUNTERTOP	☐
CLEAN TUB	☐
CLEAN TOILET	☐
EMPTY TRASH	☐
MOP FLOOR	☐
	☐
	☐

MONTHLY	
CLEAN WINDOWS	☐
WASH RUGS	☐
SCRUB TUB	☐
	☐
	☐
	☐
	☐

LIVING ROOM

DAILY	MON	TUE	WED	THU	FRI	SAT	SUN
ORGANIZE CLUTTER	☐	☐	☐	☐	☐	☐	☐
WIPE TABLES	☐	☐	☐	☐	☐	☐	☐
STRAIGHTEN CUSHIONS	☐	☐	☐	☐	☐	☐	☐

WEEKLY	
DUST TABLES & SHELVES	☐
VACUUM/SWEEP/MOP FLOOR	☐
	☐
	☐

MONTHLY	
DUST BLINDS/WASH CURTAINS	☐
WASH WINDOWS	☐
	☐
	☐

DINING ROOM

DAILY	MON	TUE	WED	THU	FRI	SAT	SUN
ORGANIZE CLUTTER	☐	☐	☐	☐	☐	☐	☐
WIPE TABLES	☐	☐	☐	☐	☐	☐	☐
	☐	☐	☐	☐	☐	☐	☐

WEEKLY	
DUST	☐
VACUUM/SWEEP/MOP FLOOR	☐
	☐
	☐

MONTHLY	
DUST BLINDS/WASH CURTAINS	☐
WASH WINDOWS	☐
	☐
	☐

GARAGE

DAILY	MON	TUE	WED	THU	FRI	SAT	SUN
ORGANIZE CLUTTER	☐	☐	☐	☐	☐	☐	☐
	☐	☐	☐	☐	☐	☐	☐

WEEKLY	
SWEEP GARAGE FLOOR	☐
	☐
	☐

MONTHLY	
DUST SHELVES	☐
	☐
	☐

YARD

DAILY	MON	TUE	WED	THU	FRI	SAT	SUN
WATER PLANTS	☐	☐	☐	☐	☐	☐	☐

WEEKLY	
SWEEP	☐
	☐

MONTHLY	
TRIM PLANTS	☐

CLEANING CHECKLIST

ROOM:								
DAILY	MON	TUE	WED	THU	FRI	SAT	SUN	
	☐	☐	☐	☐	☐	☐	☐	
	☐	☐	☐	☐	☐	☐	☐	
	☐	☐	☐	☐	☐	☐	☐	
	☐	☐	☐	☐	☐	☐	☐	
	☐	☐	☐	☐	☐	☐	☐	
	☐	☐	☐	☐	☐	☐	☐	
	☐	☐	☐	☐	☐	☐	☐	

WEEKLY		MONTHLY	
	☐		☐
	☐		☐
	☐		☐
	☐		☐
	☐		☐
	☐		☐
	☐		☐

ROOM:								
DAILY	MON	TUE	WED	THU	FRI	SAT	SUN	
	☐	☐	☐	☐	☐	☐	☐	
	☐	☐	☐	☐	☐	☐	☐	
	☐	☐	☐	☐	☐	☐	☐	
	☐	☐	☐	☐	☐	☐	☐	
	☐	☐	☐	☐	☐	☐	☐	
	☐	☐	☐	☐	☐	☐	☐	
	☐	☐	☐	☐	☐	☐	☐	

WEEKLY		MONTHLY	
	☐		☐
	☐		☐
	☐		☐
	☐		☐
	☐		☐
	☐		☐
	☐		☐

ROOM:								
DAILY	MON	TUE	WED	THU	FRI	SAT	SUN	
	☐	☐	☐	☐	☐	☐	☐	
	☐	☐	☐	☐	☐	☐	☐	
	☐	☐	☐	☐	☐	☐	☐	
	☐	☐	☐	☐	☐	☐	☐	
	☐	☐	☐	☐	☐	☐	☐	
	☐	☐	☐	☐	☐	☐	☐	
	☐	☐	☐	☐	☐	☐	☐	

WEEKLY		MONTHLY	
	☐		☐
	☐		☐
	☐		☐
	☐		☐
	☐		☐
	☐		☐
	☐		☐

ROOM:								
DAILY	MON	TUE	WED	THU	FRI	SAT	SUN	
	☐	☐	☐	☐	☐	☐	☐	
	☐	☐	☐	☐	☐	☐	☐	
	☐	☐	☐	☐	☐	☐	☐	
	☐	☐	☐	☐	☐	☐	☐	
	☐	☐	☐	☐	☐	☐	☐	
	☐	☐	☐	☐	☐	☐	☐	
	☐	☐	☐	☐	☐	☐	☐	

WEEKLY		MONTHLY	
	☐		☐
	☐		☐
	☐		☐
	☐		☐
	☐		☐
	☐		☐
	☐		☐

CLEANING CHECKLIST

KITCHEN

DAILY	MON	TUE	WED	THU	FRI	SAT	SUN
CLEAR AND WIPE TABLE	☐	☐	☐	☐	☐	☐	☐
WASH DISHES	☐	☐	☐	☐	☐	☐	☐
WIPE DOWN COUNTERTOP/STOVE	☐	☐	☐	☐	☐	☐	☐
CLEAN THE SINK	☐	☐	☐	☐	☐	☐	☐
TAKE OUT TRASH	☐	☐	☐	☐	☐	☐	☐
SPOT CLEAN THE FLOOR	☐	☐	☐	☐	☐	☐	☐
	☐	☐	☐	☐	☐	☐	☐

WEEKLY	
ORGANIZE FRIDGE	☐
DISCARD OLD FOOD	☐
WIPE DOWN APPLIANCES	☐
VACUUM/SWEEP/MOP FLOOR	☐
ORGANIZE CUPBOARD	☐
SPOT CLEAN THE FLOOR	☐
WIPE FRIDGE	☐
	☐

MONTHLY	
CLEAN WINDOWS	☐
WIPE CUPBOARD DOORS	☐
CLEAN OVEN AND RANGE	☐
CLEAN APPLIANCES	☐
	☐
	☐
	☐
	☐

BATHROOM

DAILY	MON	TUE	WED	THU	FRI	SAT	SUN
WIPE THE MIRROR	☐	☐	☐	☐	☐	☐	☐
WIPE COUNTERTOP	☐	☐	☐	☐	☐	☐	☐
CLEAN TOILET	☐	☐	☐	☐	☐	☐	☐
SQUEEGEE SHOWER DOOR	☐	☐	☐	☐	☐	☐	☐
	☐	☐	☐	☐	☐	☐	☐
	☐	☐	☐	☐	☐	☐	☐

WEEKLY	
CLEAN SINK/COUNTERTOP	☐
CLEAN TUB	☐
CLEAN TOILET	☐
EMPTY TRASH	☐
MOP FLOOR	☐
	☐
	☐

MONTHLY	
CLEAN WINDOWS	☐
WASH RUGS	☐
SCRUB TUB	☐
	☐
	☐
	☐
	☐

LIVING ROOM

DAILY	MON	TUE	WED	THU	FRI	SAT	SUN
ORGANIZE CLUTTER	☐	☐	☐	☐	☐	☐	☐
WIPE TABLES	☐	☐	☐	☐	☐	☐	☐
STRAIGHTEN CUSHIONS	☐	☐	☐	☐	☐	☐	☐

WEEKLY	
DUST TABLES & SHELVES	☐
VACUUM/SWEEP/MOP FLOOR	☐
	☐
	☐

MONTHLY	
DUST BLINDS/WASH CURTAINS	☐
WASH WINDOWS	☐
	☐
	☐

DINING ROOM

DAILY	MON	TUE	WED	THU	FRI	SAT	SUN
ORGANIZE CLUTTER	☐	☐	☐	☐	☐	☐	☐
WIPE TABLES	☐	☐	☐	☐	☐	☐	☐
	☐	☐	☐	☐	☐	☐	☐

WEEKLY	
DUST	☐
VACUUM/SWEEP/MOP FLOOR	☐
	☐
	☐

MONTHLY	
DUST BLINDS/WASH CURTAINS	☐
WASH WINDOWS	☐
	☐
	☐

GARAGE

DAILY	MON	TUE	WED	THU	FRI	SAT	SUN
ORGANIZE CLUTTER	☐	☐	☐	☐	☐	☐	☐
	☐	☐	☐	☐	☐	☐	☐

WEEKLY	
SWEEP GARAGE FLOOR	☐
	☐
	☐

MONTHLY	
DUST SHELVES	☐
	☐
	☐

YARD

DAILY	MON	TUE	WED	THU	FRI	SAT	SUN
WATER PLANTS	☐	☐	☐	☐	☐	☐	☐

WEEKLY	
SWEEP	☐
	☐

MONTHLY	
TRIM PLANTS	☐
	☐

CLEANING CHECKLIST

ROOM:									WEEKLY		MONTHLY	
DAILY	MON	TUE	WED	THU	FRI	SAT	SUN			☐		☐
	☐	☐	☐	☐	☐	☐	☐			☐		☐
	☐	☐	☐	☐	☐	☐	☐			☐		☐
	☐	☐	☐	☐	☐	☐	☐			☐		☐
	☐	☐	☐	☐	☐	☐	☐			☐		☐
	☐	☐	☐	☐	☐	☐	☐			☐		☐
	☐	☐	☐	☐	☐	☐	☐			☐		☐
	☐	☐	☐	☐	☐	☐	☐			☐		☐

ROOM:									WEEKLY		MONTHLY	
DAILY	MON	TUE	WED	THU	FRI	SAT	SUN			☐		☐
	☐	☐	☐	☐	☐	☐	☐			☐		☐
	☐	☐	☐	☐	☐	☐	☐			☐		☐
	☐	☐	☐	☐	☐	☐	☐			☐		☐
	☐	☐	☐	☐	☐	☐	☐			☐		☐
	☐	☐	☐	☐	☐	☐	☐			☐		☐
	☐	☐	☐	☐	☐	☐	☐			☐		☐
	☐	☐	☐	☐	☐	☐	☐			☐		☐

ROOM:									WEEKLY		MONTHLY	
DAILY	MON	TUE	WED	THU	FRI	SAT	SUN			☐		☐
	☐	☐	☐	☐	☐	☐	☐			☐		☐
	☐	☐	☐	☐	☐	☐	☐			☐		☐
	☐	☐	☐	☐	☐	☐	☐			☐		☐
	☐	☐	☐	☐	☐	☐	☐			☐		☐
	☐	☐	☐	☐	☐	☐	☐			☐		☐
	☐	☐	☐	☐	☐	☐	☐			☐		☐
	☐	☐	☐	☐	☐	☐	☐			☐		☐

ROOM:									WEEKLY		MONTHLY	
DAILY	MON	TUE	WED	THU	FRI	SAT	SUN			☐		☐
	☐	☐	☐	☐	☐	☐	☐			☐		☐
	☐	☐	☐	☐	☐	☐	☐			☐		☐
	☐	☐	☐	☐	☐	☐	☐			☐		☐
	☐	☐	☐	☐	☐	☐	☐			☐		☐
	☐	☐	☐	☐	☐	☐	☐			☐		☐
	☐	☐	☐	☐	☐	☐	☐			☐		☐
	☐	☐	☐	☐	☐	☐	☐			☐		☐

CLEANING CHECKLIST

KITCHEN

DAILY	MON	TUE	WED	THU	FRI	SAT	SUN
CLEAR AND WIPE TABLE	☐	☐	☐	☐	☐	☐	☐
WASH DISHES	☐	☐	☐	☐	☐	☐	☐
WIPE DOWN COUNTERTOP/STOVE	☐	☐	☐	☐	☐	☐	☐
CLEAN THE SINK	☐	☐	☐	☐	☐	☐	☐
TAKE OUT TRASH	☐	☐	☐	☐	☐	☐	☐
SPOT CLEAN THE FLOOR	☐	☐	☐	☐	☐	☐	☐
	☐	☐	☐	☐	☐	☐	☐

WEEKLY	
ORGANIZE FRIDGE	☐
DISCARD OLD FOOD	☐
WIPE DOWN APPLIANCES	☐
VACUUM/SWEEP/MOP FLOOR	☐
ORGANIZE CUPBOARD	☐
SPOT CLEAN THE FLOOR	☐
WIPE FRIDGE	☐
	☐

MONTHLY	
CLEAN WINDOWS	☐
WIPE CUPBOARD DOORS	☐
CLEAN OVEN AND RANGE	☐
CLEAN APPLIANCES	☐
	☐
	☐
	☐
	☐

BATHROOM

DAILY	MON	TUE	WED	THU	FRI	SAT	SUN
WIPE THE MIRROR	☐	☐	☐	☐	☐	☐	☐
WIPE COUNTERTOP	☐	☐	☐	☐	☐	☐	☐
CLEAN TOILET	☐	☐	☐	☐	☐	☐	☐
SQUEEGEE SHOWER DOOR	☐	☐	☐	☐	☐	☐	☐
	☐	☐	☐	☐	☐	☐	☐
	☐	☐	☐	☐	☐	☐	☐

WEEKLY	
CLEAN SINK/COUNTERTOP	☐
CLEAN TUB	☐
CLEAN TOILET	☐
EMPTY TRASH	☐
MOP FLOOR	☐
	☐
	☐

MONTHLY	
CLEAN WINDOWS	☐
WASH RUGS	☐
SCRUB TUB	☐
	☐
	☐
	☐
	☐

LIVING ROOM

DAILY	MON	TUE	WED	THU	FRI	SAT	SUN
ORGANIZE CLUTTER	☐	☐	☐	☐	☐	☐	☐
WIPE TABLES	☐	☐	☐	☐	☐	☐	☐
STRAIGHTEN CUSHIONS	☐	☐	☐	☐	☐	☐	☐

WEEKLY	
DUST TABLES & SHELVES	☐
VACUUM/SWEEP/MOP FLOOR	☐
	☐
	☐

MONTHLY	
DUST BLINDS/WASH CURTAINS	☐
WASH WINDOWS	☐
	☐
	☐

DINING ROOM

DAILY	MON	TUE	WED	THU	FRI	SAT	SUN
ORGANIZE CLUTTER	☐	☐	☐	☐	☐	☐	☐
WIPE TABLES	☐	☐	☐	☐	☐	☐	☐
	☐	☐	☐	☐	☐	☐	☐

WEEKLY	
DUST	☐
VACUUM/SWEEP/MOP FLOOR	☐
	☐
	☐

MONTHLY	
DUST BLINDS/WASH CURTAINS	☐
WASH WINDOWS	☐
	☐
	☐

GARAGE

DAILY	MON	TUE	WED	THU	FRI	SAT	SUN
ORGANIZE CLUTTER	☐	☐	☐	☐	☐	☐	☐
	☐	☐	☐	☐	☐	☐	☐

WEEKLY	
SWEEP GARAGE FLOOR	☐
	☐
	☐

MONTHLY	
DUST SHELVES	☐
	☐
	☐

YARD

DAILY	MON	TUE	WED	THU	FRI	SAT	SUN
WATER PLANTS	☐	☐	☐	☐	☐	☐	☐

WEEKLY	
SWEEP	☐
	☐

MONTHLY	
TRIM PLANTS	☐
	☐

CLEANING CHECKLIST

ROOM:										WEEKLY		MONTHLY	
DAILY		MON	TUE	WED	THU	FRI	SAT	SUN			☐		☐
		☐	☐	☐	☐	☐	☐	☐			☐		☐
		☐	☐	☐	☐	☐	☐	☐			☐		☐
		☐	☐	☐	☐	☐	☐	☐			☐		☐
		☐	☐	☐	☐	☐	☐	☐			☐		☐
		☐	☐	☐	☐	☐	☐	☐			☐		☐
		☐	☐	☐	☐	☐	☐	☐			☐		☐
		☐	☐	☐	☐	☐	☐	☐			☐		☐

ROOM:										WEEKLY		MONTHLY	
DAILY		MON	TUE	WED	THU	FRI	SAT	SUN			☐		☐
		☐	☐	☐	☐	☐	☐	☐			☐		☐
		☐	☐	☐	☐	☐	☐	☐			☐		☐
		☐	☐	☐	☐	☐	☐	☐			☐		☐
		☐	☐	☐	☐	☐	☐	☐			☐		☐
		☐	☐	☐	☐	☐	☐	☐			☐		☐
		☐	☐	☐	☐	☐	☐	☐			☐		☐
		☐	☐	☐	☐	☐	☐	☐			☐		☐

ROOM:										WEEKLY		MONTHLY	
DAILY		MON	TUE	WED	THU	FRI	SAT	SUN			☐		☐
		☐	☐	☐	☐	☐	☐	☐			☐		☐
		☐	☐	☐	☐	☐	☐	☐			☐		☐
		☐	☐	☐	☐	☐	☐	☐			☐		☐
		☐	☐	☐	☐	☐	☐	☐			☐		☐
		☐	☐	☐	☐	☐	☐	☐			☐		☐
		☐	☐	☐	☐	☐	☐	☐			☐		☐
		☐	☐	☐	☐	☐	☐	☐			☐		☐

ROOM:										WEEKLY		MONTHLY	
DAILY		MON	TUE	WED	THU	FRI	SAT	SUN			☐		☐
		☐	☐	☐	☐	☐	☐	☐			☐		☐
		☐	☐	☐	☐	☐	☐	☐			☐		☐
		☐	☐	☐	☐	☐	☐	☐			☐		☐
		☐	☐	☐	☐	☐	☐	☐			☐		☐
		☐	☐	☐	☐	☐	☐	☐			☐		☐
		☐	☐	☐	☐	☐	☐	☐			☐		☐
		☐	☐	☐	☐	☐	☐	☐			☐		☐

CLEANING CHECKLIST

KITCHEN

DAILY	MON	TUE	WED	THU	FRI	SAT	SUN
CLEAR AND WIPE TABLE	☐	☐	☐	☐	☐	☐	☐
WASH DISHES	☐	☐	☐	☐	☐	☐	☐
WIPE DOWN COUNTERTOP/STOVE	☐	☐	☐	☐	☐	☐	☐
CLEAN THE SINK	☐	☐	☐	☐	☐	☐	☐
TAKE OUT TRASH	☐	☐	☐	☐	☐	☐	☐
SPOT CLEAN THE FLOOR	☐	☐	☐	☐	☐	☐	☐
	☐	☐	☐	☐	☐	☐	☐

WEEKLY	
ORGANIZE FRIDGE	☐
DISCARD OLD FOOD	☐
WIPE DOWN APPLIANCES	☐
VACUUM/SWEEP/MOP FLOOR	☐
ORGANIZE CUPBOARD	☐
SPOT CLEAN THE FLOOR	☐
WIPE FRIDGE	☐
	☐

MONTHLY	
CLEAN WINDOWS	☐
WIPE CUPBOARD DOORS	☐
CLEAN OVEN AND RANGE	☐
CLEAN APPLIANCES	☐
	☐
	☐
	☐
	☐

BATHROOM

DAILY	MON	TUE	WED	THU	FRI	SAT	SUN
WIPE THE MIRROR	☐	☐	☐	☐	☐	☐	☐
WIPE COUNTERTOP	☐	☐	☐	☐	☐	☐	☐
CLEAN TOILET	☐	☐	☐	☐	☐	☐	☐
SQUEEGEE SHOWER DOOR	☐	☐	☐	☐	☐	☐	☐
	☐	☐	☐	☐	☐	☐	☐
	☐	☐	☐	☐	☐	☐	☐

WEEKLY	
CLEAN SINK/COUNTERTOP	☐
CLEAN TUB	☐
CLEAN TOILET	☐
EMPTY TRASH	☐
MOP FLOOR	☐
	☐
	☐

MONTHLY	
CLEAN WINDOWS	☐
WASH RUGS	☐
SCRUB TUB	☐
	☐
	☐
	☐
	☐

LIVING ROOM

DAILY	MON	TUE	WED	THU	FRI	SAT	SUN
ORGANIZE CLUTTER	☐	☐	☐	☐	☐	☐	☐
WIPE TABLES	☐	☐	☐	☐	☐	☐	☐
STRAIGHTEN CUSHIONS	☐	☐	☐	☐	☐	☐	☐

WEEKLY	
DUST TABLES & SHELVES	☐
VACUUM/SWEEP/MOP FLOOR	☐
	☐
	☐

MONTHLY	
DUST BLINDS/WASH CURTAINS	☐
WASH WINDOWS	☐
	☐
	☐

DINING ROOM

DAILY	MON	TUE	WED	THU	FRI	SAT	SUN
ORGANIZE CLUTTER	☐	☐	☐	☐	☐	☐	☐
WIPE TABLES	☐	☐	☐	☐	☐	☐	☐
	☐	☐	☐	☐	☐	☐	☐

WEEKLY	
DUST	☐
VACUUM/SWEEP/MOP FLOOR	☐
	☐
	☐

MONTHLY	
DUST BLINDS/WASH CURTAINS	☐
WASH WINDOWS	☐
	☐
	☐

GARAGE

DAILY	MON	TUE	WED	THU	FRI	SAT	SUN
ORGANIZE CLUTTER	☐	☐	☐	☐	☐	☐	☐
	☐	☐	☐	☐	☐	☐	☐

WEEKLY	
SWEEP GARAGE FLOOR	☐
	☐
	☐

MONTHLY	
DUST SHELVES	☐
	☐
	☐

YARD

DAILY	MON	TUE	WED	THU	FRI	SAT	SUN
WATER PLANTS	☐	☐	☐	☐	☐	☐	☐

WEEKLY	
SWEEP	☐
	☐

MONTHLY	
TRIM PLANTS	☐
	☐

CLEANING CHECKLIST

ROOM:								
DAILY	MON	TUE	WED	THU	FRI	SAT	SUN	
	☐	☐	☐	☐	☐	☐	☐	
	☐	☐	☐	☐	☐	☐	☐	
	☐	☐	☐	☐	☐	☐	☐	
	☐	☐	☐	☐	☐	☐	☐	
	☐	☐	☐	☐	☐	☐	☐	
	☐	☐	☐	☐	☐	☐	☐	
	☐	☐	☐	☐	☐	☐	☐	

WEEKLY		MONTHLY	
	☐		☐
	☐		☐
	☐		☐
	☐		☐
	☐		☐
	☐		☐
	☐		☐

ROOM:								
DAILY	MON	TUE	WED	THU	FRI	SAT	SUN	
	☐	☐	☐	☐	☐	☐	☐	
	☐	☐	☐	☐	☐	☐	☐	
	☐	☐	☐	☐	☐	☐	☐	
	☐	☐	☐	☐	☐	☐	☐	
	☐	☐	☐	☐	☐	☐	☐	
	☐	☐	☐	☐	☐	☐	☐	
	☐	☐	☐	☐	☐	☐	☐	

WEEKLY		MONTHLY	
	☐		☐
	☐		☐
	☐		☐
	☐		☐
	☐		☐
	☐		☐
	☐		☐

ROOM:								
DAILY	MON	TUE	WED	THU	FRI	SAT	SUN	
	☐	☐	☐	☐	☐	☐	☐	
	☐	☐	☐	☐	☐	☐	☐	
	☐	☐	☐	☐	☐	☐	☐	
	☐	☐	☐	☐	☐	☐	☐	
	☐	☐	☐	☐	☐	☐	☐	
	☐	☐	☐	☐	☐	☐	☐	
	☐	☐	☐	☐	☐	☐	☐	

WEEKLY		MONTHLY	
	☐		☐
	☐		☐
	☐		☐
	☐		☐
	☐		☐
	☐		☐
	☐		☐

ROOM:								
DAILY	MON	TUE	WED	THU	FRI	SAT	SUN	
	☐	☐	☐	☐	☐	☐	☐	
	☐	☐	☐	☐	☐	☐	☐	
	☐	☐	☐	☐	☐	☐	☐	
	☐	☐	☐	☐	☐	☐	☐	
	☐	☐	☐	☐	☐	☐	☐	
	☐	☐	☐	☐	☐	☐	☐	
	☐	☐	☐	☐	☐	☐	☐	

WEEKLY		MONTHLY	
	☐		☐
	☐		☐
	☐		☐
	☐		☐
	☐		☐
	☐		☐
	☐		☐

CLEANING CHECKLIST

KITCHEN

DAILY	MON	TUE	WED	THU	FRI	SAT	SUN
CLEAR AND WIPE TABLE	☐	☐	☐	☐	☐	☐	☐
WASH DISHES	☐	☐	☐	☐	☐	☐	☐
WIPE DOWN COUNTERTOP/STOVE	☐	☐	☐	☐	☐	☐	☐
CLEAN THE SINK	☐	☐	☐	☐	☐	☐	☐
TAKE OUT TRASH	☐	☐	☐	☐	☐	☐	☐
SPOT CLEAN THE FLOOR	☐	☐	☐	☐	☐	☐	☐
	☐	☐	☐	☐	☐	☐	☐

WEEKLY	
ORGANIZE FRIDGE	☐
DISCARD OLD FOOD	☐
WIPE DOWN APPLIANCES	☐
VACUUM/SWEEP/MOP FLOOR	☐
ORGANIZE CUPBOARD	☐
SPOT CLEAN THE FLOOR	☐
WIPE FRIDGE	☐
	☐

MONTHLY	
CLEAN WINDOWS	☐
WIPE CUPBOARD DOORS	☐
CLEAN OVEN AND RANGE	☐
CLEAN APPLIANCES	☐
	☐
	☐
	☐
	☐

BATHROOM

DAILY	MON	TUE	WED	THU	FRI	SAT	SUN
WIPE THE MIRROR	☐	☐	☐	☐	☐	☐	☐
WIPE COUNTERTOP	☐	☐	☐	☐	☐	☐	☐
CLEAN TOILET	☐	☐	☐	☐	☐	☐	☐
SQUEEGEE SHOWER DOOR	☐	☐	☐	☐	☐	☐	☐
	☐	☐	☐	☐	☐	☐	☐
	☐	☐	☐	☐	☐	☐	☐

WEEKLY	
CLEAN SINK/COUNTERTOP	☐
CLEAN TUB	☐
CLEAN TOILET	☐
EMPTY TRASH	☐
MOP FLOOR	☐
	☐
	☐

MONTHLY	
CLEAN WINDOWS	☐
WASH RUGS	☐
SCRUB TUB	☐
	☐
	☐
	☐
	☐

LIVING ROOM

DAILY	MON	TUE	WED	THU	FRI	SAT	SUN
ORGANIZE CLUTTER	☐	☐	☐	☐	☐	☐	☐
WIPE TABLES	☐	☐	☐	☐	☐	☐	☐
STRAIGHTEN CUSHIONS	☐	☐	☐	☐	☐	☐	☐

WEEKLY	
DUST TABLES & SHELVES	☐
VACUUM/SWEEP/MOP FLOOR	☐
	☐
	☐

MONTHLY	
DUST BLINDS/WASH CURTAINS	☐
WASH WINDOWS	☐
	☐
	☐

DINING ROOM

DAILY	MON	TUE	WED	THU	FRI	SAT	SUN
ORGANIZE CLUTTER	☐	☐	☐	☐	☐	☐	☐
WIPE TABLES	☐	☐	☐	☐	☐	☐	☐
	☐	☐	☐	☐	☐	☐	☐

WEEKLY	
DUST	☐
VACUUM/SWEEP/MOP FLOOR	☐
	☐
	☐

MONTHLY	
DUST BLINDS/WASH CURTAINS	☐
WASH WINDOWS	☐
	☐
	☐

GARAGE

DAILY	MON	TUE	WED	THU	FRI	SAT	SUN
ORGANIZE CLUTTER	☐	☐	☐	☐	☐	☐	☐
	☐	☐	☐	☐	☐	☐	☐

WEEKLY	
SWEEP GARAGE FLOOR	☐
	☐
	☐

MONTHLY	
DUST SHELVES	☐
	☐
	☐

YARD

DAILY	MON	TUE	WED	THU	FRI	SAT	SUN
WATER PLANTS	☐	☐	☐	☐	☐	☐	☐

WEEKLY	
SWEEP	☐
	☐

MONTHLY	
TRIM PLANTS	☐
	☐

CLEANING CHECKLIST

ROOM:									WEEKLY		MONTHLY	
DAILY	MON	TUE	WED	THU	FRI	SAT	SUN			☐		☐
	☐	☐	☐	☐	☐	☐	☐			☐		☐
	☐	☐	☐	☐	☐	☐	☐			☐		☐
	☐	☐	☐	☐	☐	☐	☐			☐		☐
	☐	☐	☐	☐	☐	☐	☐			☐		☐
	☐	☐	☐	☐	☐	☐	☐			☐		☐
	☐	☐	☐	☐	☐	☐	☐			☐		☐
	☐	☐	☐	☐	☐	☐	☐			☐		☐

ROOM:									WEEKLY		MONTHLY	
DAILY	MON	TUE	WED	THU	FRI	SAT	SUN			☐		☐
	☐	☐	☐	☐	☐	☐	☐			☐		☐
	☐	☐	☐	☐	☐	☐	☐			☐		☐
	☐	☐	☐	☐	☐	☐	☐			☐		☐
	☐	☐	☐	☐	☐	☐	☐			☐		☐
	☐	☐	☐	☐	☐	☐	☐			☐		☐
	☐	☐	☐	☐	☐	☐	☐			☐		☐
	☐	☐	☐	☐	☐	☐	☐			☐		☐

ROOM:									WEEKLY		MONTHLY	
DAILY	MON	TUE	WED	THU	FRI	SAT	SUN			☐		☐
	☐	☐	☐	☐	☐	☐	☐			☐		☐
	☐	☐	☐	☐	☐	☐	☐			☐		☐
	☐	☐	☐	☐	☐	☐	☐			☐		☐
	☐	☐	☐	☐	☐	☐	☐			☐		☐
	☐	☐	☐	☐	☐	☐	☐			☐		☐
	☐	☐	☐	☐	☐	☐	☐			☐		☐
	☐	☐	☐	☐	☐	☐	☐			☐		☐

ROOM:									WEEKLY		MONTHLY	
DAILY	MON	TUE	WED	THU	FRI	SAT	SUN			☐		☐
	☐	☐	☐	☐	☐	☐	☐			☐		☐
	☐	☐	☐	☐	☐	☐	☐			☐		☐
	☐	☐	☐	☐	☐	☐	☐			☐		☐
	☐	☐	☐	☐	☐	☐	☐			☐		☐
	☐	☐	☐	☐	☐	☐	☐			☐		☐
	☐	☐	☐	☐	☐	☐	☐			☐		☐
	☐	☐	☐	☐	☐	☐	☐			☐		☐

CLEANING CHECKLIST

KITCHEN

DAILY	MON	TUE	WED	THU	FRI	SAT	SUN
CLEAR AND WIPE TABLE	☐	☐	☐	☐	☐	☐	☐
WASH DISHES	☐	☐	☐	☐	☐	☐	☐
WIPE DOWN COUNTERTOP/STOVE	☐	☐	☐	☐	☐	☐	☐
CLEAN THE SINK	☐	☐	☐	☐	☐	☐	☐
TAKE OUT TRASH	☐	☐	☐	☐	☐	☐	☐
SPOT CLEAN THE FLOOR	☐	☐	☐	☐	☐	☐	☐
	☐	☐	☐	☐	☐	☐	☐

WEEKLY	
ORGANIZE FRIDGE	☐
DISCARD OLD FOOD	☐
WIPE DOWN APPLIANCES	☐
VACUUM/SWEEP/MOP FLOOR	☐
ORGANIZE CUPBOARD	☐
SPOT CLEAN THE FLOOR	☐
WIPE FRIDGE	☐
	☐

MONTHLY	
CLEAN WINDOWS	☐
WIPE CUPBOARD DOORS	☐
CLEAN OVEN AND RANGE	☐
CLEAN APPLIANCES	☐
	☐
	☐
	☐
	☐

BATHROOM

DAILY	MON	TUE	WED	THU	FRI	SAT	SUN
WIPE THE MIRROR	☐	☐	☐	☐	☐	☐	☐
WIPE COUNTERTOP	☐	☐	☐	☐	☐	☐	☐
CLEAN TOILET	☐	☐	☐	☐	☐	☐	☐
SQUEEGEE SHOWER DOOR	☐	☐	☐	☐	☐	☐	☐
	☐	☐	☐	☐	☐	☐	☐
	☐	☐	☐	☐	☐	☐	☐

WEEKLY	
CLEAN SINK/COUNTERTOP	☐
CLEAN TUB	☐
CLEAN TOILET	☐
EMPTY TRASH	☐
MOP FLOOR	☐
	☐
	☐

MONTHLY	
CLEAN WINDOWS	☐
WASH RUGS	☐
SCRUB TUB	☐
	☐
	☐
	☐
	☐

LIVING ROOM

DAILY	MON	TUE	WED	THU	FRI	SAT	SUN
ORGANIZE CLUTTER	☐	☐	☐	☐	☐	☐	☐
WIPE TABLES	☐	☐	☐	☐	☐	☐	☐
STRAIGHTEN CUSHIONS	☐	☐	☐	☐	☐	☐	☐

WEEKLY	
DUST TABLES & SHELVES	☐
VACUUM/SWEEP/MOP FLOOR	☐
	☐
	☐

MONTHLY	
DUST BLINDS/WASH CURTAINS	☐
WASH WINDOWS	☐
	☐
	☐

DINING ROOM

DAILY	MON	TUE	WED	THU	FRI	SAT	SUN
ORGANIZE CLUTTER	☐	☐	☐	☐	☐	☐	☐
WIPE TABLES	☐	☐	☐	☐	☐	☐	☐
	☐	☐	☐	☐	☐	☐	☐

WEEKLY	
DUST	☐
VACUUM/SWEEP/MOP FLOOR	☐
	☐
	☐

MONTHLY	
DUST BLINDS/WASH CURTAINS	☐
WASH WINDOWS	☐
	☐
	☐

GARAGE

DAILY	MON	TUE	WED	THU	FRI	SAT	SUN
ORGANIZE CLUTTER	☐	☐	☐	☐	☐	☐	☐
	☐	☐	☐	☐	☐	☐	☐

WEEKLY	
SWEEP GARAGE FLOOR	☐
	☐
	☐

MONTHLY	
DUST SHELVES	☐
	☐
	☐

YARD

DAILY	MON	TUE	WED	THU	FRI	SAT	SUN
WATER PLANTS	☐	☐	☐	☐	☐	☐	☐

WEEKLY	
SWEEP	☐
	☐

MONTHLY	
TRIM PLANTS	☐
	☐

CLEANING CHECKLIST

ROOM:								
DAILY	MON	TUE	WED	THU	FRI	SAT	SUN
	☐	☐	☐	☐	☐	☐	☐
	☐	☐	☐	☐	☐	☐	☐
	☐	☐	☐	☐	☐	☐	☐
	☐	☐	☐	☐	☐	☐	☐
	☐	☐	☐	☐	☐	☐	☐
	☐	☐	☐	☐	☐	☐	☐
	☐	☐	☐	☐	☐	☐	☐
	☐	☐	☐	☐	☐	☐	☐

WEEKLY		MONTHLY	
	☐		☐
	☐		☐
	☐		☐
	☐		☐
	☐		☐
	☐		☐
	☐		☐
	☐		☐
	☐		☐

ROOM:								
DAILY	MON	TUE	WED	THU	FRI	SAT	SUN
	☐	☐	☐	☐	☐	☐	☐
	☐	☐	☐	☐	☐	☐	☐
	☐	☐	☐	☐	☐	☐	☐
	☐	☐	☐	☐	☐	☐	☐
	☐	☐	☐	☐	☐	☐	☐
	☐	☐	☐	☐	☐	☐	☐
	☐	☐	☐	☐	☐	☐	☐
	☐	☐	☐	☐	☐	☐	☐

WEEKLY		MONTHLY	
	☐		☐
	☐		☐
	☐		☐
	☐		☐
	☐		☐
	☐		☐
	☐		☐
	☐		☐
	☐		☐

ROOM:								
DAILY	MON	TUE	WED	THU	FRI	SAT	SUN
	☐	☐	☐	☐	☐	☐	☐
	☐	☐	☐	☐	☐	☐	☐
	☐	☐	☐	☐	☐	☐	☐
	☐	☐	☐	☐	☐	☐	☐
	☐	☐	☐	☐	☐	☐	☐
	☐	☐	☐	☐	☐	☐	☐
	☐	☐	☐	☐	☐	☐	☐
	☐	☐	☐	☐	☐	☐	☐

WEEKLY		MONTHLY	
	☐		☐
	☐		☐
	☐		☐
	☐		☐
	☐		☐
	☐		☐
	☐		☐
	☐		☐
	☐		☐

ROOM:								
DAILY	MON	TUE	WED	THU	FRI	SAT	SUN
	☐	☐	☐	☐	☐	☐	☐
	☐	☐	☐	☐	☐	☐	☐
	☐	☐	☐	☐	☐	☐	☐
	☐	☐	☐	☐	☐	☐	☐
	☐	☐	☐	☐	☐	☐	☐
	☐	☐	☐	☐	☐	☐	☐
	☐	☐	☐	☐	☐	☐	☐
	☐	☐	☐	☐	☐	☐	☐

WEEKLY		MONTHLY	
	☐		☐
	☐		☐
	☐		☐
	☐		☐
	☐		☐
	☐		☐
	☐		☐
	☐		☐
	☐		☐

CLEANING CHECKLIST

KITCHEN

DAILY	MON	TUE	WED	THU	FRI	SAT	SUN
CLEAR AND WIPE TABLE	☐	☐	☐	☐	☐	☐	☐
WASH DISHES	☐	☐	☐	☐	☐	☐	☐
WIPE DOWN COUNTERTOP/STOVE	☐	☐	☐	☐	☐	☐	☐
CLEAN THE SINK	☐	☐	☐	☐	☐	☐	☐
TAKE OUT TRASH	☐	☐	☐	☐	☐	☐	☐
SPOT CLEAN THE FLOOR	☐	☐	☐	☐	☐	☐	☐
	☐	☐	☐	☐	☐	☐	☐

WEEKLY	
ORGANIZE FRIDGE	☐
DISCARD OLD FOOD	☐
WIPE DOWN APPLIANCES	☐
VACUUM/SWEEP/MOP FLOOR	☐
ORGANIZE CUPBOARD	☐
SPOT CLEAN THE FLOOR	☐
WIPE FRIDGE	☐
	☐

MONTHLY	
CLEAN WINDOWS	☐
WIPE CUPBOARD DOORS	☐
CLEAN OVEN AND RANGE	☐
CLEAN APPLIANCES	☐
	☐
	☐
	☐
	☐

BATHROOM

DAILY	MON	TUE	WED	THU	FRI	SAT	SUN
WIPE THE MIRROR	☐	☐	☐	☐	☐	☐	☐
WIPE COUNTERTOP	☐	☐	☐	☐	☐	☐	☐
CLEAN TOILET	☐	☐	☐	☐	☐	☐	☐
SQUEEGEE SHOWER DOOR	☐	☐	☐	☐	☐	☐	☐
	☐	☐	☐	☐	☐	☐	☐
	☐	☐	☐	☐	☐	☐	☐

WEEKLY	
CLEAN SINK/COUNTERTOP	☐
CLEAN TUB	☐
CLEAN TOILET	☐
EMPTY TRASH	☐
MOP FLOOR	☐
	☐
	☐

MONTHLY	
CLEAN WINDOWS	☐
WASH RUGS	☐
SCRUB TUB	☐
	☐
	☐
	☐
	☐

LIVING ROOM

DAILY	MON	TUE	WED	THU	FRI	SAT	SUN
ORGANIZE CLUTTER	☐	☐	☐	☐	☐	☐	☐
WIPE TABLES	☐	☐	☐	☐	☐	☐	☐
STRAIGHTEN CUSHIONS	☐	☐	☐	☐	☐	☐	☐

WEEKLY	
DUST TABLES & SHELVES	☐
VACUUM/SWEEP/MOP FLOOR	☐
	☐
	☐

MONTHLY	
DUST BLINDS/WASH CURTAINS	☐
WASH WINDOWS	☐
	☐
	☐

DINING ROOM

DAILY	MON	TUE	WED	THU	FRI	SAT	SUN
ORGANIZE CLUTTER	☐	☐	☐	☐	☐	☐	☐
WIPE TABLES	☐	☐	☐	☐	☐	☐	☐
	☐	☐	☐	☐	☐	☐	☐

WEEKLY	
DUST	☐
VACUUM/SWEEP/MOP FLOOR	☐
	☐
	☐

MONTHLY	
DUST BLINDS/WASH CURTAINS	☐
WASH WINDOWS	☐
	☐
	☐

GARAGE

DAILY	MON	TUE	WED	THU	FRI	SAT	SUN
ORGANIZE CLUTTER	☐	☐	☐	☐	☐	☐	☐
	☐	☐	☐	☐	☐	☐	☐

WEEKLY	
SWEEP GARAGE FLOOR	☐
	☐
	☐

MONTHLY	
DUST SHELVES	☐
	☐
	☐

YARD

DAILY	MON	TUE	WED	THU	FRI	SAT	SUN
WATER PLANTS	☐	☐	☐	☐	☐	☐	☐

WEEKLY	
SWEEP	☐
	☐

MONTHLY	
TRIM PLANTS	☐
	☐

CLEANING CHECKLIST

ROOM:							
DAILY	MON	TUE	WED	THU	FRI	SAT	SUN
	☐	☐	☐	☐	☐	☐	☐
	☐	☐	☐	☐	☐	☐	☐
	☐	☐	☐	☐	☐	☐	☐
	☐	☐	☐	☐	☐	☐	☐
	☐	☐	☐	☐	☐	☐	☐
	☐	☐	☐	☐	☐	☐	☐
	☐	☐	☐	☐	☐	☐	☐

WEEKLY		MONTHLY	
	☐		☐
	☐		☐
	☐		☐
	☐		☐
	☐		☐
	☐		☐
	☐		☐

ROOM:							
DAILY	MON	TUE	WED	THU	FRI	SAT	SUN
	☐	☐	☐	☐	☐	☐	☐
	☐	☐	☐	☐	☐	☐	☐
	☐	☐	☐	☐	☐	☐	☐
	☐	☐	☐	☐	☐	☐	☐
	☐	☐	☐	☐	☐	☐	☐
	☐	☐	☐	☐	☐	☐	☐
	☐	☐	☐	☐	☐	☐	☐

WEEKLY		MONTHLY	
	☐		☐
	☐		☐
	☐		☐
	☐		☐
	☐		☐
	☐		☐
	☐		☐

ROOM:							
DAILY	MON	TUE	WED	THU	FRI	SAT	SUN
	☐	☐	☐	☐	☐	☐	☐
	☐	☐	☐	☐	☐	☐	☐
	☐	☐	☐	☐	☐	☐	☐
	☐	☐	☐	☐	☐	☐	☐
	☐	☐	☐	☐	☐	☐	☐
	☐	☐	☐	☐	☐	☐	☐
	☐	☐	☐	☐	☐	☐	☐

WEEKLY		MONTHLY	
	☐		☐
	☐		☐
	☐		☐
	☐		☐
	☐		☐
	☐		☐
	☐		☐

ROOM:							
DAILY	MON	TUE	WED	THU	FRI	SAT	SUN
	☐	☐	☐	☐	☐	☐	☐
	☐	☐	☐	☐	☐	☐	☐
	☐	☐	☐	☐	☐	☐	☐
	☐	☐	☐	☐	☐	☐	☐
	☐	☐	☐	☐	☐	☐	☐
	☐	☐	☐	☐	☐	☐	☐
	☐	☐	☐	☐	☐	☐	☐

WEEKLY		MONTHLY	
	☐		☐
	☐		☐
	☐		☐
	☐		☐
	☐		☐
	☐		☐
	☐		☐

CLEANING CHECKLIST

KITCHEN

DAILY	MON	TUE	WED	THU	FRI	SAT	SUN
CLEAR AND WIPE TABLE	☐	☐	☐	☐	☐	☐	☐
WASH DISHES	☐	☐	☐	☐	☐	☐	☐
WIPE DOWN COUNTERTOP/STOVE	☐	☐	☐	☐	☐	☐	☐
CLEAN THE SINK	☐	☐	☐	☐	☐	☐	☐
TAKE OUT TRASH	☐	☐	☐	☐	☐	☐	☐
SPOT CLEAN THE FLOOR	☐	☐	☐	☐	☐	☐	☐
	☐	☐	☐	☐	☐	☐	☐

WEEKLY	
ORGANIZE FRIDGE	☐
DISCARD OLD FOOD	☐
WIPE DOWN APPLIANCES	☐
VACUUM/SWEEP/MOP FLOOR	☐
ORGANIZE CUPBOARD	☐
SPOT CLEAN THE FLOOR	☐
WIPE FRIDGE	☐
	☐

MONTHLY	
CLEAN WINDOWS	☐
WIPE CUPBOARD DOORS	☐
CLEAN OVEN AND RANGE	☐
CLEAN APPLIANCES	☐
	☐
	☐
	☐
	☐

BATHROOM

DAILY	MON	TUE	WED	THU	FRI	SAT	SUN
WIPE THE MIRROR	☐	☐	☐	☐	☐	☐	☐
WIPE COUNTERTOP	☐	☐	☐	☐	☐	☐	☐
CLEAN TOILET	☐	☐	☐	☐	☐	☐	☐
SQUEEGEE SHOWER DOOR	☐	☐	☐	☐	☐	☐	☐
	☐	☐	☐	☐	☐	☐	☐
	☐	☐	☐	☐	☐	☐	☐

WEEKLY	
CLEAN SINK/COUNTERTOP	☐
CLEAN TUB	☐
CLEAN TOILET	☐
EMPTY TRASH	☐
MOP FLOOR	☐
	☐
	☐

MONTHLY	
CLEAN WINDOWS	☐
WASH RUGS	☐
SCRUB TUB	☐
	☐
	☐
	☐
	☐

LIVING ROOM

DAILY	MON	TUE	WED	THU	FRI	SAT	SUN
ORGANIZE CLUTTER	☐	☐	☐	☐	☐	☐	☐
WIPE TABLES	☐	☐	☐	☐	☐	☐	☐
STRAIGHTEN CUSHIONS	☐	☐	☐	☐	☐	☐	☐

WEEKLY	
DUST TABLES & SHELVES	☐
VACUUM/SWEEP/MOP FLOOR	☐
	☐
	☐

MONTHLY	
DUST BLINDS/WASH CURTAINS	☐
WASH WINDOWS	☐
	☐
	☐

DINING ROOM

DAILY	MON	TUE	WED	THU	FRI	SAT	SUN
ORGANIZE CLUTTER	☐	☐	☐	☐	☐	☐	☐
WIPE TABLES	☐	☐	☐	☐	☐	☐	☐
	☐	☐	☐	☐	☐	☐	☐

WEEKLY	
DUST	☐
VACUUM/SWEEP/MOP FLOOR	☐
	☐
	☐

MONTHLY	
DUST BLINDS/WASH CURTAINS	☐
WASH WINDOWS	☐
	☐
	☐

GARAGE

DAILY	MON	TUE	WED	THU	FRI	SAT	SUN
ORGANIZE CLUTTER	☐	☐	☐	☐	☐	☐	☐
	☐	☐	☐	☐	☐	☐	☐

WEEKLY	
SWEEP GARAGE FLOOR	☐
	☐
	☐

MONTHLY	
DUST SHELVES	☐
	☐
	☐

YARD

DAILY	MON	TUE	WED	THU	FRI	SAT	SUN
WATER PLANTS	☐	☐	☐	☐	☐	☐	☐

WEEKLY	
SWEEP	☐
	☐

MONTHLY	
TRIM PLANTS	☐
	☐

CLEANING CHECKLIST

ROOM:							
DAILY	MON	TUE	WED	THU	FRI	SAT	SUN
	☐	☐	☐	☐	☐	☐	☐
	☐	☐	☐	☐	☐	☐	☐
	☐	☐	☐	☐	☐	☐	☐
	☐	☐	☐	☐	☐	☐	☐
	☐	☐	☐	☐	☐	☐	☐
	☐	☐	☐	☐	☐	☐	☐
	☐	☐	☐	☐	☐	☐	☐

WEEKLY		MONTHLY	
	☐		☐
	☐		☐
	☐		☐
	☐		☐
	☐		☐
	☐		☐
	☐		☐

ROOM:							
DAILY	MON	TUE	WED	THU	FRI	SAT	SUN
	☐	☐	☐	☐	☐	☐	☐
	☐	☐	☐	☐	☐	☐	☐
	☐	☐	☐	☐	☐	☐	☐
	☐	☐	☐	☐	☐	☐	☐
	☐	☐	☐	☐	☐	☐	☐
	☐	☐	☐	☐	☐	☐	☐
	☐	☐	☐	☐	☐	☐	☐

WEEKLY		MONTHLY	
	☐		☐
	☐		☐
	☐		☐
	☐		☐
	☐		☐
	☐		☐
	☐		☐

ROOM:							
DAILY	MON	TUE	WED	THU	FRI	SAT	SUN
	☐	☐	☐	☐	☐	☐	☐
	☐	☐	☐	☐	☐	☐	☐
	☐	☐	☐	☐	☐	☐	☐
	☐	☐	☐	☐	☐	☐	☐
	☐	☐	☐	☐	☐	☐	☐
	☐	☐	☐	☐	☐	☐	☐
	☐	☐	☐	☐	☐	☐	☐

WEEKLY		MONTHLY	
	☐		☐
	☐		☐
	☐		☐
	☐		☐
	☐		☐
	☐		☐
	☐		☐

ROOM:							
DAILY	MON	TUE	WED	THU	FRI	SAT	SUN
	☐	☐	☐	☐	☐	☐	☐
	☐	☐	☐	☐	☐	☐	☐
	☐	☐	☐	☐	☐	☐	☐
	☐	☐	☐	☐	☐	☐	☐
	☐	☐	☐	☐	☐	☐	☐
	☐	☐	☐	☐	☐	☐	☐
	☐	☐	☐	☐	☐	☐	☐

WEEKLY		MONTHLY	
	☐		☐
	☐		☐
	☐		☐
	☐		☐
	☐		☐
	☐		☐
	☐		☐

CLEANING CHECKLIST

KITCHEN

DAILY	MON	TUE	WED	THU	FRI	SAT	SUN
CLEAR AND WIPE TABLE	☐	☐	☐	☐	☐	☐	☐
WASH DISHES	☐	☐	☐	☐	☐	☐	☐
WIPE DOWN COUNTERTOP/STOVE	☐	☐	☐	☐	☐	☐	☐
CLEAN THE SINK	☐	☐	☐	☐	☐	☐	☐
TAKE OUT TRASH	☐	☐	☐	☐	☐	☐	☐
SPOT CLEAN THE FLOOR	☐	☐	☐	☐	☐	☐	☐
	☐	☐	☐	☐	☐	☐	☐

WEEKLY	
ORGANIZE FRIDGE	☐
DISCARD OLD FOOD	☐
WIPE DOWN APPLIANCES	☐
VACUUM/SWEEP/MOP FLOOR	☐
ORGANIZE CUPBOARD	☐
SPOT CLEAN THE FLOOR	☐
WIPE FRIDGE	☐
	☐

MONTHLY	
CLEAN WINDOWS	☐
WIPE CUPBOARD DOORS	☐
CLEAN OVEN AND RANGE	☐
CLEAN APPLIANCES	☐
	☐
	☐
	☐
	☐

BATHROOM

DAILY	MON	TUE	WED	THU	FRI	SAT	SUN
WIPE THE MIRROR	☐	☐	☐	☐	☐	☐	☐
WIPE COUNTERTOP	☐	☐	☐	☐	☐	☐	☐
CLEAN TOILET	☐	☐	☐	☐	☐	☐	☐
SQUEEGEE SHOWER DOOR	☐	☐	☐	☐	☐	☐	☐
	☐	☐	☐	☐	☐	☐	☐
	☐	☐	☐	☐	☐	☐	☐

WEEKLY	
CLEAN SINK/COUNTERTOP	☐
CLEAN TUB	☐
CLEAN TOILET	☐
EMPTY TRASH	☐
MOP FLOOR	☐
	☐
	☐

MONTHLY	
CLEAN WINDOWS	☐
WASH RUGS	☐
SCRUB TUB	☐
	☐
	☐
	☐
	☐

LIVING ROOM

DAILY	MON	TUE	WED	THU	FRI	SAT	SUN
ORGANIZE CLUTTER	☐	☐	☐	☐	☐	☐	☐
WIPE TABLES	☐	☐	☐	☐	☐	☐	☐
STRAIGHTEN CUSHIONS	☐	☐	☐	☐	☐	☐	☐

WEEKLY	
DUST TABLES & SHELVES	☐
VACUUM/SWEEP/MOP FLOOR	☐
	☐
	☐

MONTHLY	
DUST BLINDS/WASH CURTAINS	☐
WASH WINDOWS	☐
	☐
	☐

DINING ROOM

DAILY	MON	TUE	WED	THU	FRI	SAT	SUN
ORGANIZE CLUTTER	☐	☐	☐	☐	☐	☐	☐
WIPE TABLES	☐	☐	☐	☐	☐	☐	☐
	☐	☐	☐	☐	☐	☐	☐

WEEKLY	
DUST	☐
VACUUM/SWEEP/MOP FLOOR	☐
	☐
	☐

MONTHLY	
DUST BLINDS/WASH CURTAINS	☐
WASH WINDOWS	☐
	☐
	☐

GARAGE

DAILY	MON	TUE	WED	THU	FRI	SAT	SUN
ORGANIZE CLUTTER	☐	☐	☐	☐	☐	☐	☐
	☐	☐	☐	☐	☐	☐	☐

WEEKLY	
SWEEP GARAGE FLOOR	☐
	☐
	☐

MONTHLY	
DUST SHELVES	☐
	☐
	☐

YARD

DAILY	MON	TUE	WED	THU	FRI	SAT	SUN
WATER PLANTS	☐	☐	☐	☐	☐	☐	☐

WEEKLY	
SWEEP	☐
	☐

MONTHLY	
TRIM PLANTS	☐
	☐

CLEANING CHECKLIST

ROOM:							
DAILY	MON	TUE	WED	THU	FRI	SAT	SUN
	☐	☐	☐	☐	☐	☐	☐
	☐	☐	☐	☐	☐	☐	☐
	☐	☐	☐	☐	☐	☐	☐
	☐	☐	☐	☐	☐	☐	☐
	☐	☐	☐	☐	☐	☐	☐
	☐	☐	☐	☐	☐	☐	☐
	☐	☐	☐	☐	☐	☐	☐
	☐	☐	☐	☐	☐	☐	☐

WEEKLY		MONTHLY	
	☐		☐
	☐		☐
	☐		☐
	☐		☐
	☐		☐
	☐		☐
	☐		☐
	☐		☐

ROOM:							
DAILY	MON	TUE	WED	THU	FRI	SAT	SUN
	☐	☐	☐	☐	☐	☐	☐
	☐	☐	☐	☐	☐	☐	☐
	☐	☐	☐	☐	☐	☐	☐
	☐	☐	☐	☐	☐	☐	☐
	☐	☐	☐	☐	☐	☐	☐
	☐	☐	☐	☐	☐	☐	☐
	☐	☐	☐	☐	☐	☐	☐
	☐	☐	☐	☐	☐	☐	☐

WEEKLY		MONTHLY	
	☐		☐
	☐		☐
	☐		☐
	☐		☐
	☐		☐
	☐		☐
	☐		☐
	☐		☐

ROOM:							
DAILY	MON	TUE	WED	THU	FRI	SAT	SUN
	☐	☐	☐	☐	☐	☐	☐
	☐	☐	☐	☐	☐	☐	☐
	☐	☐	☐	☐	☐	☐	☐
	☐	☐	☐	☐	☐	☐	☐
	☐	☐	☐	☐	☐	☐	☐
	☐	☐	☐	☐	☐	☐	☐
	☐	☐	☐	☐	☐	☐	☐
	☐	☐	☐	☐	☐	☐	☐

WEEKLY		MONTHLY	
	☐		☐
	☐		☐
	☐		☐
	☐		☐
	☐		☐
	☐		☐
	☐		☐
	☐		☐

ROOM:							
DAILY	MON	TUE	WED	THU	FRI	SAT	SUN
	☐	☐	☐	☐	☐	☐	☐
	☐	☐	☐	☐	☐	☐	☐
	☐	☐	☐	☐	☐	☐	☐
	☐	☐	☐	☐	☐	☐	☐
	☐	☐	☐	☐	☐	☐	☐
	☐	☐	☐	☐	☐	☐	☐
	☐	☐	☐	☐	☐	☐	☐
	☐	☐	☐	☐	☐	☐	☐

WEEKLY		MONTHLY	
	☐		☐
	☐		☐
	☐		☐
	☐		☐
	☐		☐
	☐		☐
	☐		☐
	☐		☐

CLEANING CHECKLIST

KITCHEN

DAILY	MON	TUE	WED	THU	FRI	SAT	SUN
CLEAR AND WIPE TABLE	☐	☐	☐	☐	☐	☐	☐
WASH DISHES	☐	☐	☐	☐	☐	☐	☐
WIPE DOWN COUNTERTOP/STOVE	☐	☐	☐	☐	☐	☐	☐
CLEAN THE SINK	☐	☐	☐	☐	☐	☐	☐
TAKE OUT TRASH	☐	☐	☐	☐	☐	☐	☐
SPOT CLEAN THE FLOOR	☐	☐	☐	☐	☐	☐	☐
	☐	☐	☐	☐	☐	☐	☐

WEEKLY	
ORGANIZE FRIDGE	☐
DISCARD OLD FOOD	☐
WIPE DOWN APPLIANCES	☐
VACUUM/SWEEP/MOP FLOOR	☐
ORGANIZE CUPBOARD	☐
SPOT CLEAN THE FLOOR	☐
WIPE FRIDGE	☐
	☐

MONTHLY	
CLEAN WINDOWS	☐
WIPE CUPBOARD DOORS	☐
CLEAN OVEN AND RANGE	☐
CLEAN APPLIANCES	☐
	☐
	☐
	☐

BATHROOM

DAILY	MON	TUE	WED	THU	FRI	SAT	SUN
WIPE THE MIRROR	☐	☐	☐	☐	☐	☐	☐
WIPE COUNTERTOP	☐	☐	☐	☐	☐	☐	☐
CLEAN TOILET	☐	☐	☐	☐	☐	☐	☐
SQUEEGEE SHOWER DOOR	☐	☐	☐	☐	☐	☐	☐
	☐	☐	☐	☐	☐	☐	☐
	☐	☐	☐	☐	☐	☐	☐

WEEKLY	
CLEAN SINK/COUNTERTOP	☐
CLEAN TUB	☐
CLEAN TOILET	☐
EMPTY TRASH	☐
MOP FLOOR	☐
	☐
	☐

MONTHLY	
CLEAN WINDOWS	☐
WASH RUGS	☐
SCRUB TUB	☐
	☐
	☐
	☐

LIVING ROOM

DAILY	MON	TUE	WED	THU	FRI	SAT	SUN
ORGANIZE CLUTTER	☐	☐	☐	☐	☐	☐	☐
WIPE TABLES	☐	☐	☐	☐	☐	☐	☐
STRAIGHTEN CUSHIONS	☐	☐	☐	☐	☐	☐	☐

WEEKLY	
DUST TABLES & SHELVES	☐
VACUUM/SWEEP/MOP FLOOR	☐
	☐
	☐

MONTHLY	
DUST BLINDS/WASH CURTAINS	☐
WASH WINDOWS	☐
	☐
	☐

DINING ROOM

DAILY	MON	TUE	WED	THU	FRI	SAT	SUN
ORGANIZE CLUTTER	☐	☐	☐	☐	☐	☐	☐
WIPE TABLES	☐	☐	☐	☐	☐	☐	☐
	☐	☐	☐	☐	☐	☐	☐

WEEKLY	
DUST	☐
VACUUM/SWEEP/MOP FLOOR	☐
	☐
	☐

MONTHLY	
DUST BLINDS/WASH CURTAINS	☐
WASH WINDOWS	☐
	☐
	☐

GARAGE

DAILY	MON	TUE	WED	THU	FRI	SAT	SUN
ORGANIZE CLUTTER	☐	☐	☐	☐	☐	☐	☐
	☐	☐	☐	☐	☐	☐	☐

WEEKLY	
SWEEP GARAGE FLOOR	☐
	☐
	☐

MONTHLY	
DUST SHELVES	☐
	☐
	☐

YARD

DAILY	MON	TUE	WED	THU	FRI	SAT	SUN
WATER PLANTS	☐	☐	☐	☐	☐	☐	☐

WEEKLY	
SWEEP	☐
	☐

MONTHLY	
TRIM PLANTS	☐
	☐

CLEANING CHECKLIST

ROOM:								
DAILY	MON	TUE	WED	THU	FRI	SAT	SUN
	☐	☐	☐	☐	☐	☐	☐
	☐	☐	☐	☐	☐	☐	☐
	☐	☐	☐	☐	☐	☐	☐
	☐	☐	☐	☐	☐	☐	☐
	☐	☐	☐	☐	☐	☐	☐
	☐	☐	☐	☐	☐	☐	☐
	☐	☐	☐	☐	☐	☐	☐

WEEKLY		MONTHLY	
	☐		☐
	☐		☐
	☐		☐
	☐		☐
	☐		☐
	☐		☐
	☐		☐
	☐		☐

ROOM:								
DAILY	MON	TUE	WED	THU	FRI	SAT	SUN
	☐	☐	☐	☐	☐	☐	☐
	☐	☐	☐	☐	☐	☐	☐
	☐	☐	☐	☐	☐	☐	☐
	☐	☐	☐	☐	☐	☐	☐
	☐	☐	☐	☐	☐	☐	☐
	☐	☐	☐	☐	☐	☐	☐
	☐	☐	☐	☐	☐	☐	☐

WEEKLY		MONTHLY	
	☐		☐
	☐		☐
	☐		☐
	☐		☐
	☐		☐
	☐		☐
	☐		☐
	☐		☐

ROOM:								
DAILY	MON	TUE	WED	THU	FRI	SAT	SUN
	☐	☐	☐	☐	☐	☐	☐
	☐	☐	☐	☐	☐	☐	☐
	☐	☐	☐	☐	☐	☐	☐
	☐	☐	☐	☐	☐	☐	☐
	☐	☐	☐	☐	☐	☐	☐
	☐	☐	☐	☐	☐	☐	☐
	☐	☐	☐	☐	☐	☐	☐

WEEKLY		MONTHLY	
	☐		☐
	☐		☐
	☐		☐
	☐		☐
	☐		☐
	☐		☐
	☐		☐
	☐		☐

ROOM:								
DAILY	MON	TUE	WED	THU	FRI	SAT	SUN
	☐	☐	☐	☐	☐	☐	☐
	☐	☐	☐	☐	☐	☐	☐
	☐	☐	☐	☐	☐	☐	☐
	☐	☐	☐	☐	☐	☐	☐
	☐	☐	☐	☐	☐	☐	☐
	☐	☐	☐	☐	☐	☐	☐
	☐	☐	☐	☐	☐	☐	☐

WEEKLY		MONTHLY	
	☐		☐
	☐		☐
	☐		☐
	☐		☐
	☐		☐
	☐		☐
	☐		☐
	☐		☐

CLEANING CHECKLIST

KITCHEN

DAILY	MON	TUE	WED	THU	FRI	SAT	SUN
CLEAR AND WIPE TABLE	☐	☐	☐	☐	☐	☐	☐
WASH DISHES	☐	☐	☐	☐	☐	☐	☐
WIPE DOWN COUNTERTOP/STOVE	☐	☐	☐	☐	☐	☐	☐
CLEAN THE SINK	☐	☐	☐	☐	☐	☐	☐
TAKE OUT TRASH	☐	☐	☐	☐	☐	☐	☐
SPOT CLEAN THE FLOOR	☐	☐	☐	☐	☐	☐	☐
	☐	☐	☐	☐	☐	☐	☐

WEEKLY	
ORGANIZE FRIDGE	☐
DISCARD OLD FOOD	☐
WIPE DOWN APPLIANCES	☐
VACUUM/SWEEP/MOP FLOOR	☐
ORGANIZE CUPBOARD	☐
SPOT CLEAN THE FLOOR	☐
WIPE FRIDGE	☐
	☐

MONTHLY	
CLEAN WINDOWS	☐
WIPE CUPBOARD DOORS	☐
CLEAN OVEN AND RANGE	☐
CLEAN APPLIANCES	☐
	☐
	☐
	☐
	☐

BATHROOM

DAILY	MON	TUE	WED	THU	FRI	SAT	SUN
WIPE THE MIRROR	☐	☐	☐	☐	☐	☐	☐
WIPE COUNTERTOP	☐	☐	☐	☐	☐	☐	☐
CLEAN TOILET	☐	☐	☐	☐	☐	☐	☐
SQUEEGEE SHOWER DOOR	☐	☐	☐	☐	☐	☐	☐
	☐	☐	☐	☐	☐	☐	☐
	☐	☐	☐	☐	☐	☐	☐

WEEKLY	
CLEAN SINK/COUNTERTOP	☐
CLEAN TUB	☐
CLEAN TOILET	☐
EMPTY TRASH	☐
MOP FLOOR	☐
	☐
	☐

MONTHLY	
CLEAN WINDOWS	☐
WASH RUGS	☐
SCRUB TUB	☐
	☐
	☐
	☐
	☐

LIVING ROOM

DAILY	MON	TUE	WED	THU	FRI	SAT	SUN
ORGANIZE CLUTTER	☐	☐	☐	☐	☐	☐	☐
WIPE TABLES	☐	☐	☐	☐	☐	☐	☐
STRAIGHTEN CUSHIONS	☐	☐	☐	☐	☐	☐	☐

WEEKLY	
DUST TABLES & SHELVES	☐
VACUUM/SWEEP/MOP FLOOR	☐
	☐
	☐

MONTHLY	
DUST BLINDS/WASH CURTAINS	☐
WASH WINDOWS	☐
	☐
	☐

DINING ROOM

DAILY	MON	TUE	WED	THU	FRI	SAT	SUN
ORGANIZE CLUTTER	☐	☐	☐	☐	☐	☐	☐
WIPE TABLES	☐	☐	☐	☐	☐	☐	☐
	☐	☐	☐	☐	☐	☐	☐

WEEKLY	
DUST	☐
VACUUM/SWEEP/MOP FLOOR	☐
	☐
	☐

MONTHLY	
DUST BLINDS/WASH CURTAINS	☐
WASH WINDOWS	☐
	☐
	☐

GARAGE

DAILY	MON	TUE	WED	THU	FRI	SAT	SUN
ORGANIZE CLUTTER	☐	☐	☐	☐	☐	☐	☐
	☐	☐	☐	☐	☐	☐	☐

WEEKLY	
SWEEP GARAGE FLOOR	☐
	☐
	☐

MONTHLY	
DUST SHELVES	☐
	☐
	☐

YARD

DAILY	MON	TUE	WED	THU	FRI	SAT	SUN
WATER PLANTS	☐	☐	☐	☐	☐	☐	☐

WEEKLY	
SWEEP	☐
	☐

MONTHLY	
TRIM PLANTS	☐
	☐

CLEANING CHECKLIST

ROOM:							
DAILY	MON	TUE	WED	THU	FRI	SAT	SUN
	☐	☐	☐	☐	☐	☐	☐
	☐	☐	☐	☐	☐	☐	☐
	☐	☐	☐	☐	☐	☐	☐
	☐	☐	☐	☐	☐	☐	☐
	☐	☐	☐	☐	☐	☐	☐
	☐	☐	☐	☐	☐	☐	☐
	☐	☐	☐	☐	☐	☐	☐

WEEKLY		MONTHLY	
	☐		☐
	☐		☐
	☐		☐
	☐		☐
	☐		☐
	☐		☐
	☐		☐

ROOM:							
DAILY	MON	TUE	WED	THU	FRI	SAT	SUN
	☐	☐	☐	☐	☐	☐	☐
	☐	☐	☐	☐	☐	☐	☐
	☐	☐	☐	☐	☐	☐	☐
	☐	☐	☐	☐	☐	☐	☐
	☐	☐	☐	☐	☐	☐	☐
	☐	☐	☐	☐	☐	☐	☐
	☐	☐	☐	☐	☐	☐	☐

WEEKLY		MONTHLY	
	☐		☐
	☐		☐
	☐		☐
	☐		☐
	☐		☐
	☐		☐
	☐		☐

ROOM:							
DAILY	MON	TUE	WED	THU	FRI	SAT	SUN
	☐	☐	☐	☐	☐	☐	☐
	☐	☐	☐	☐	☐	☐	☐
	☐	☐	☐	☐	☐	☐	☐
	☐	☐	☐	☐	☐	☐	☐
	☐	☐	☐	☐	☐	☐	☐
	☐	☐	☐	☐	☐	☐	☐
	☐	☐	☐	☐	☐	☐	☐

WEEKLY		MONTHLY	
	☐		☐
	☐		☐
	☐		☐
	☐		☐
	☐		☐
	☐		☐
	☐		☐

ROOM:							
DAILY	MON	TUE	WED	THU	FRI	SAT	SUN
	☐	☐	☐	☐	☐	☐	☐
	☐	☐	☐	☐	☐	☐	☐
	☐	☐	☐	☐	☐	☐	☐
	☐	☐	☐	☐	☐	☐	☐
	☐	☐	☐	☐	☐	☐	☐
	☐	☐	☐	☐	☐	☐	☐
	☐	☐	☐	☐	☐	☐	☐

WEEKLY		MONTHLY	
	☐		☐
	☐		☐
	☐		☐
	☐		☐
	☐		☐
	☐		☐
	☐		☐

CLEANING CHECKLIST

KITCHEN

DAILY	MON	TUE	WED	THU	FRI	SAT	SUN
CLEAR AND WIPE TABLE	☐	☐	☐	☐	☐	☐	☐
WASH DISHES	☐	☐	☐	☐	☐	☐	☐
WIPE DOWN COUNTERTOP/STOVE	☐	☐	☐	☐	☐	☐	☐
CLEAN THE SINK	☐	☐	☐	☐	☐	☐	☐
TAKE OUT TRASH	☐	☐	☐	☐	☐	☐	☐
SPOT CLEAN THE FLOOR	☐	☐	☐	☐	☐	☐	☐
	☐	☐	☐	☐	☐	☐	☐

WEEKLY	
ORGANIZE FRIDGE	☐
DISCARD OLD FOOD	☐
WIPE DOWN APPLIANCES	☐
VACUUM/SWEEP/MOP FLOOR	☐
ORGANIZE CUPBOARD	☐
SPOT CLEAN THE FLOOR	☐
WIPE FRIDGE	☐
	☐

MONTHLY	
CLEAN WINDOWS	☐
WIPE CUPBOARD DOORS	☐
CLEAN OVEN AND RANGE	☐
CLEAN APPLIANCES	☐
	☐
	☐
	☐
	☐

BATHROOM

DAILY	MON	TUE	WED	THU	FRI	SAT	SUN
WIPE THE MIRROR	☐	☐	☐	☐	☐	☐	☐
WIPE COUNTERTOP	☐	☐	☐	☐	☐	☐	☐
CLEAN TOILET	☐	☐	☐	☐	☐	☐	☐
SQUEEGEE SHOWER DOOR	☐	☐	☐	☐	☐	☐	☐
	☐	☐	☐	☐	☐	☐	☐
	☐	☐	☐	☐	☐	☐	☐

WEEKLY	
CLEAN SINK/COUNTERTOP	☐
CLEAN TUB	☐
CLEAN TOILET	☐
EMPTY TRASH	☐
MOP FLOOR	☐
	☐
	☐

MONTHLY	
CLEAN WINDOWS	☐
WASH RUGS	☐
SCRUB TUB	☐
	☐
	☐
	☐
	☐

LIVING ROOM

DAILY	MON	TUE	WED	THU	FRI	SAT	SUN
ORGANIZE CLUTTER	☐	☐	☐	☐	☐	☐	☐
WIPE TABLES	☐	☐	☐	☐	☐	☐	☐
STRAIGHTEN CUSHIONS	☐	☐	☐	☐	☐	☐	☐

WEEKLY	
DUST TABLES & SHELVES	☐
VACUUM/SWEEP/MOP FLOOR	☐
	☐
	☐

MONTHLY	
DUST BLINDS/WASH CURTAINS	☐
WASH WINDOWS	☐
	☐
	☐

DINING ROOM

DAILY	MON	TUE	WED	THU	FRI	SAT	SUN
ORGANIZE CLUTTER	☐	☐	☐	☐	☐	☐	☐
WIPE TABLES	☐	☐	☐	☐	☐	☐	☐
	☐	☐	☐	☐	☐	☐	☐

WEEKLY	
DUST	☐
VACUUM/SWEEP/MOP FLOOR	☐
	☐
	☐

MONTHLY	
DUST BLINDS/WASH CURTAINS	☐
WASH WINDOWS	☐
	☐
	☐

GARAGE

DAILY	MON	TUE	WED	THU	FRI	SAT	SUN
ORGANIZE CLUTTER	☐	☐	☐	☐	☐	☐	☐
	☐	☐	☐	☐	☐	☐	☐

WEEKLY	
SWEEP GARAGE FLOOR	☐
	☐
	☐

MONTHLY	
DUST SHELVES	☐
	☐
	☐

YARD

DAILY	MON	TUE	WED	THU	FRI	SAT	SUN
WATER PLANTS	☐	☐	☐	☐	☐	☐	☐

WEEKLY	
SWEEP	☐
	☐

MONTHLY	
TRIM PLANTS	☐
	☐

CLEANING CHECKLIST

ROOM:								
DAILY	MON	TUE	WED	THU	FRI	SAT	SUN	
	☐	☐	☐	☐	☐	☐	☐	
	☐	☐	☐	☐	☐	☐	☐	
	☐	☐	☐	☐	☐	☐	☐	
	☐	☐	☐	☐	☐	☐	☐	
	☐	☐	☐	☐	☐	☐	☐	
	☐	☐	☐	☐	☐	☐	☐	
	☐	☐	☐	☐	☐	☐	☐	

WEEKLY		MONTHLY	
	☐		☐
	☐		☐
	☐		☐
	☐		☐
	☐		☐
	☐		☐
	☐		☐

ROOM:								
DAILY	MON	TUE	WED	THU	FRI	SAT	SUN	
	☐	☐	☐	☐	☐	☐	☐	
	☐	☐	☐	☐	☐	☐	☐	
	☐	☐	☐	☐	☐	☐	☐	
	☐	☐	☐	☐	☐	☐	☐	
	☐	☐	☐	☐	☐	☐	☐	
	☐	☐	☐	☐	☐	☐	☐	
	☐	☐	☐	☐	☐	☐	☐	

WEEKLY		MONTHLY	
	☐		☐
	☐		☐
	☐		☐
	☐		☐
	☐		☐
	☐		☐
	☐		☐

ROOM:								
DAILY	MON	TUE	WED	THU	FRI	SAT	SUN	
	☐	☐	☐	☐	☐	☐	☐	
	☐	☐	☐	☐	☐	☐	☐	
	☐	☐	☐	☐	☐	☐	☐	
	☐	☐	☐	☐	☐	☐	☐	
	☐	☐	☐	☐	☐	☐	☐	
	☐	☐	☐	☐	☐	☐	☐	
	☐	☐	☐	☐	☐	☐	☐	

WEEKLY		MONTHLY	
	☐		☐
	☐		☐
	☐		☐
	☐		☐
	☐		☐
	☐		☐
	☐		☐

ROOM:								
DAILY	MON	TUE	WED	THU	FRI	SAT	SUN	
	☐	☐	☐	☐	☐	☐	☐	
	☐	☐	☐	☐	☐	☐	☐	
	☐	☐	☐	☐	☐	☐	☐	
	☐	☐	☐	☐	☐	☐	☐	
	☐	☐	☐	☐	☐	☐	☐	
	☐	☐	☐	☐	☐	☐	☐	
	☐	☐	☐	☐	☐	☐	☐	

WEEKLY		MONTHLY	
	☐		☐
	☐		☐
	☐		☐
	☐		☐
	☐		☐
	☐		☐
	☐		☐

CLEANING CHECKLIST

KITCHEN

DAILY	MON	TUE	WED	THU	FRI	SAT	SUN
CLEAR AND WIPE TABLE	☐	☐	☐	☐	☐	☐	☐
WASH DISHES	☐	☐	☐	☐	☐	☐	☐
WIPE DOWN COUNTERTOP/STOVE	☐	☐	☐	☐	☐	☐	☐
CLEAN THE SINK	☐	☐	☐	☐	☐	☐	☐
TAKE OUT TRASH	☐	☐	☐	☐	☐	☐	☐
SPOT CLEAN THE FLOOR	☐	☐	☐	☐	☐	☐	☐
	☐	☐	☐	☐	☐	☐	☐

WEEKLY	
ORGANIZE FRIDGE	☐
DISCARD OLD FOOD	☐
WIPE DOWN APPLIANCES	☐
VACUUM/SWEEP/MOP FLOOR	☐
ORGANIZE CUPBOARD	☐
SPOT CLEAN THE FLOOR	☐
WIPE FRIDGE	☐
	☐

MONTHLY	
CLEAN WINDOWS	☐
WIPE CUPBOARD DOORS	☐
CLEAN OVEN AND RANGE	☐
CLEAN APPLIANCES	☐
	☐
	☐
	☐
	☐

BATHROOM

DAILY	MON	TUE	WED	THU	FRI	SAT	SUN
WIPE THE MIRROR	☐	☐	☐	☐	☐	☐	☐
WIPE COUNTERTOP	☐	☐	☐	☐	☐	☐	☐
CLEAN TOILET	☐	☐	☐	☐	☐	☐	☐
SQUEEGEE SHOWER DOOR	☐	☐	☐	☐	☐	☐	☐
	☐	☐	☐	☐	☐	☐	☐
	☐	☐	☐	☐	☐	☐	☐

WEEKLY	
CLEAN SINK/COUNTERTOP	☐
CLEAN TUB	☐
CLEAN TOILET	☐
EMPTY TRASH	☐
MOP FLOOR	☐
	☐
	☐

MONTHLY	
CLEAN WINDOWS	☐
WASH RUGS	☐
SCRUB TUB	☐
	☐
	☐
	☐
	☐

LIVING ROOM

DAILY	MON	TUE	WED	THU	FRI	SAT	SUN
ORGANIZE CLUTTER	☐	☐	☐	☐	☐	☐	☐
WIPE TABLES	☐	☐	☐	☐	☐	☐	☐
STRAIGHTEN CUSHIONS	☐	☐	☐	☐	☐	☐	☐

WEEKLY	
DUST TABLES & SHELVES	☐
VACUUM/SWEEP/MOP FLOOR	☐
	☐
	☐

MONTHLY	
DUST BLINDS/WASH CURTAINS	☐
WASH WINDOWS	☐
	☐
	☐

DINING ROOM

DAILY	MON	TUE	WED	THU	FRI	SAT	SUN
ORGANIZE CLUTTER	☐	☐	☐	☐	☐	☐	☐
WIPE TABLES	☐	☐	☐	☐	☐	☐	☐
	☐	☐	☐	☐	☐	☐	☐

WEEKLY	
DUST	☐
VACUUM/SWEEP/MOP FLOOR	☐
	☐
	☐

MONTHLY	
DUST BLINDS/WASH CURTAINS	☐
WASH WINDOWS	☐
	☐
	☐

GARAGE

DAILY	MON	TUE	WED	THU	FRI	SAT	SUN
ORGANIZE CLUTTER	☐	☐	☐	☐	☐	☐	☐
	☐	☐	☐	☐	☐	☐	☐

WEEKLY	
SWEEP GARAGE FLOOR	☐
	☐
	☐

MONTHLY	
DUST SHELVES	☐
	☐
	☐

YARD

DAILY	MON	TUE	WED	THU	FRI	SAT	SUN
WATER PLANTS	☐	☐	☐	☐	☐	☐	☐

WEEKLY	
SWEEP	☐
	☐

MONTHLY	
TRIM PLANTS	☐
	☐

CLEANING CHECKLIST

ROOM:								
DAILY		MON	TUE	WED	THU	FRI	SAT	SUN
		☐	☐	☐	☐	☐	☐	☐
		☐	☐	☐	☐	☐	☐	☐
		☐	☐	☐	☐	☐	☐	☐
		☐	☐	☐	☐	☐	☐	☐
		☐	☐	☐	☐	☐	☐	☐
		☐	☐	☐	☐	☐	☐	☐
		☐	☐	☐	☐	☐	☐	☐

WEEKLY		MONTHLY	
	☐		☐
	☐		☐
	☐		☐
	☐		☐
	☐		☐
	☐		☐
	☐		☐
	☐		☐

ROOM:								
DAILY		MON	TUE	WED	THU	FRI	SAT	SUN
		☐	☐	☐	☐	☐	☐	☐
		☐	☐	☐	☐	☐	☐	☐
		☐	☐	☐	☐	☐	☐	☐
		☐	☐	☐	☐	☐	☐	☐
		☐	☐	☐	☐	☐	☐	☐
		☐	☐	☐	☐	☐	☐	☐
		☐	☐	☐	☐	☐	☐	☐

WEEKLY		MONTHLY	
	☐		☐
	☐		☐
	☐		☐
	☐		☐
	☐		☐
	☐		☐
	☐		☐
	☐		☐

ROOM:								
DAILY		MON	TUE	WED	THU	FRI	SAT	SUN
		☐	☐	☐	☐	☐	☐	☐
		☐	☐	☐	☐	☐	☐	☐
		☐	☐	☐	☐	☐	☐	☐
		☐	☐	☐	☐	☐	☐	☐
		☐	☐	☐	☐	☐	☐	☐
		☐	☐	☐	☐	☐	☐	☐
		☐	☐	☐	☐	☐	☐	☐

WEEKLY		MONTHLY	
	☐		☐
	☐		☐
	☐		☐
	☐		☐
	☐		☐
	☐		☐
	☐		☐
	☐		☐

ROOM:								
DAILY		MON	TUE	WED	THU	FRI	SAT	SUN
		☐	☐	☐	☐	☐	☐	☐
		☐	☐	☐	☐	☐	☐	☐
		☐	☐	☐	☐	☐	☐	☐
		☐	☐	☐	☐	☐	☐	☐
		☐	☐	☐	☐	☐	☐	☐
		☐	☐	☐	☐	☐	☐	☐
		☐	☐	☐	☐	☐	☐	☐
		☐	☐	☐	☐	☐	☐	☐

WEEKLY		MONTHLY	
	☐		☐
	☐		☐
	☐		☐
	☐		☐
	☐		☐
	☐		☐
	☐		☐
	☐		☐

CLEANING CHECKLIST

KITCHEN

DAILY	MON	TUE	WED	THU	FRI	SAT	SUN
CLEAR AND WIPE TABLE	☐	☐	☐	☐	☐	☐	☐
WASH DISHES	☐	☐	☐	☐	☐	☐	☐
WIPE DOWN COUNTERTOP/STOVE	☐	☐	☐	☐	☐	☐	☐
CLEAN THE SINK	☐	☐	☐	☐	☐	☐	☐
TAKE OUT TRASH	☐	☐	☐	☐	☐	☐	☐
SPOT CLEAN THE FLOOR	☐	☐	☐	☐	☐	☐	☐
	☐	☐	☐	☐	☐	☐	☐

WEEKLY	
ORGANIZE FRIDGE	☐
DISCARD OLD FOOD	☐
WIPE DOWN APPLIANCES	☐
VACUUM/SWEEP/MOP FLOOR	☐
ORGANIZE CUPBOARD	☐
SPOT CLEAN THE FLOOR	☐
WIPE FRIDGE	☐
	☐

MONTHLY	
CLEAN WINDOWS	☐
WIPE CUPBOARD DOORS	☐
CLEAN OVEN AND RANGE	☐
CLEAN APPLIANCES	☐
	☐
	☐
	☐
	☐

BATHROOM

DAILY	MON	TUE	WED	THU	FRI	SAT	SUN
WIPE THE MIRROR	☐	☐	☐	☐	☐	☐	☐
WIPE COUNTERTOP	☐	☐	☐	☐	☐	☐	☐
CLEAN TOILET	☐	☐	☐	☐	☐	☐	☐
SQUEEGEE SHOWER DOOR	☐	☐	☐	☐	☐	☐	☐
	☐	☐	☐	☐	☐	☐	☐
	☐	☐	☐	☐	☐	☐	☐

WEEKLY	
CLEAN SINK/COUNTERTOP	☐
CLEAN TUB	☐
CLEAN TOILET	☐
EMPTY TRASH	☐
MOP FLOOR	☐
	☐
	☐

MONTHLY	
CLEAN WINDOWS	☐
WASH RUGS	☐
SCRUB TUB	☐
	☐
	☐
	☐
	☐

LIVING ROOM

DAILY	MON	TUE	WED	THU	FRI	SAT	SUN
ORGANIZE CLUTTER	☐	☐	☐	☐	☐	☐	☐
WIPE TABLES	☐	☐	☐	☐	☐	☐	☐
STRAIGHTEN CUSHIONS	☐	☐	☐	☐	☐	☐	☐

WEEKLY	
DUST TABLES & SHELVES	☐
VACUUM/SWEEP/MOP FLOOR	☐
	☐
	☐

MONTHLY	
DUST BLINDS/WASH CURTAINS	☐
WASH WINDOWS	☐
	☐
	☐

DINING ROOM

DAILY	MON	TUE	WED	THU	FRI	SAT	SUN
ORGANIZE CLUTTER	☐	☐	☐	☐	☐	☐	☐
WIPE TABLES	☐	☐	☐	☐	☐	☐	☐
	☐	☐	☐	☐	☐	☐	☐

WEEKLY	
DUST	☐
VACUUM/SWEEP/MOP FLOOR	☐
	☐
	☐

MONTHLY	
DUST BLINDS/WASH CURTAINS	☐
WASH WINDOWS	☐
	☐
	☐

GARAGE

DAILY	MON	TUE	WED	THU	FRI	SAT	SUN
ORGANIZE CLUTTER	☐	☐	☐	☐	☐	☐	☐
	☐	☐	☐	☐	☐	☐	☐

WEEKLY	
SWEEP GARAGE FLOOR	☐
	☐
	☐

MONTHLY	
DUST SHELVES	☐
	☐
	☐

YARD

DAILY	MON	TUE	WED	THU	FRI	SAT	SUN
WATER PLANTS	☐	☐	☐	☐	☐	☐	☐

WEEKLY	
SWEEP	☐
	☐

MONTHLY	
TRIM PLANTS	☐
	☐

CLEANING CHECKLIST

ROOM:								
DAILY		MON	TUE	WED	THU	FRI	SAT	SUN
		☐	☐	☐	☐	☐	☐	☐
		☐	☐	☐	☐	☐	☐	☐
		☐	☐	☐	☐	☐	☐	☐
		☐	☐	☐	☐	☐	☐	☐
		☐	☐	☐	☐	☐	☐	☐
		☐	☐	☐	☐	☐	☐	☐
		☐	☐	☐	☐	☐	☐	☐

WEEKLY		MONTHLY	
	☐		☐
	☐		☐
	☐		☐
	☐		☐
	☐		☐
	☐		☐
	☐		☐
	☐		☐

ROOM:								
DAILY		MON	TUE	WED	THU	FRI	SAT	SUN
		☐	☐	☐	☐	☐	☐	☐
		☐	☐	☐	☐	☐	☐	☐
		☐	☐	☐	☐	☐	☐	☐
		☐	☐	☐	☐	☐	☐	☐
		☐	☐	☐	☐	☐	☐	☐
		☐	☐	☐	☐	☐	☐	☐
		☐	☐	☐	☐	☐	☐	☐

WEEKLY		MONTHLY	
	☐		☐
	☐		☐
	☐		☐
	☐		☐
	☐		☐
	☐		☐
	☐		☐
	☐		☐

ROOM:								
DAILY		MON	TUE	WED	THU	FRI	SAT	SUN
		☐	☐	☐	☐	☐	☐	☐
		☐	☐	☐	☐	☐	☐	☐
		☐	☐	☐	☐	☐	☐	☐
		☐	☐	☐	☐	☐	☐	☐
		☐	☐	☐	☐	☐	☐	☐
		☐	☐	☐	☐	☐	☐	☐
		☐	☐	☐	☐	☐	☐	☐

WEEKLY		MONTHLY	
	☐		☐
	☐		☐
	☐		☐
	☐		☐
	☐		☐
	☐		☐
	☐		☐
	☐		☐

ROOM:								
DAILY		MON	TUE	WED	THU	FRI	SAT	SUN
		☐	☐	☐	☐	☐	☐	☐
		☐	☐	☐	☐	☐	☐	☐
		☐	☐	☐	☐	☐	☐	☐
		☐	☐	☐	☐	☐	☐	☐
		☐	☐	☐	☐	☐	☐	☐
		☐	☐	☐	☐	☐	☐	☐
		☐	☐	☐	☐	☐	☐	☐

WEEKLY		MONTHLY	
	☐		☐
	☐		☐
	☐		☐
	☐		☐
	☐		☐
	☐		☐
	☐		☐
	☐		☐

CLEANING CHECKLIST

KITCHEN

DAILY	MON	TUE	WED	THU	FRI	SAT	SUN
CLEAR AND WIPE TABLE	☐	☐	☐	☐	☐	☐	☐
WASH DISHES	☐	☐	☐	☐	☐	☐	☐
WIPE DOWN COUNTERTOP/STOVE	☐	☐	☐	☐	☐	☐	☐
CLEAN THE SINK	☐	☐	☐	☐	☐	☐	☐
TAKE OUT TRASH	☐	☐	☐	☐	☐	☐	☐
SPOT CLEAN THE FLOOR	☐	☐	☐	☐	☐	☐	☐
	☐	☐	☐	☐	☐	☐	☐

WEEKLY	
ORGANIZE FRIDGE	☐
DISCARD OLD FOOD	☐
WIPE DOWN APPLIANCES	☐
VACUUM/SWEEP/MOP FLOOR	☐
ORGANIZE CUPBOARD	☐
SPOT CLEAN THE FLOOR	☐
WIPE FRIDGE	☐
	☐

MONTHLY	
CLEAN WINDOWS	☐
WIPE CUPBOARD DOORS	☐
CLEAN OVEN AND RANGE	☐
CLEAN APPLIANCES	☐
	☐
	☐
	☐
	☐

BATHROOM

DAILY	MON	TUE	WED	THU	FRI	SAT	SUN
WIPE THE MIRROR	☐	☐	☐	☐	☐	☐	☐
WIPE COUNTERTOP	☐	☐	☐	☐	☐	☐	☐
CLEAN TOILET	☐	☐	☐	☐	☐	☐	☐
SQUEEGEE SHOWER DOOR	☐	☐	☐	☐	☐	☐	☐
	☐	☐	☐	☐	☐	☐	☐
	☐	☐	☐	☐	☐	☐	☐

WEEKLY	
CLEAN SINK/COUNTERTOP	☐
CLEAN TUB	☐
CLEAN TOILET	☐
EMPTY TRASH	☐
MOP FLOOR	☐
	☐
	☐

MONTHLY	
CLEAN WINDOWS	☐
WASH RUGS	☐
SCRUB TUB	☐
	☐
	☐
	☐
	☐

LIVING ROOM

DAILY	MON	TUE	WED	THU	FRI	SAT	SUN
ORGANIZE CLUTTER	☐	☐	☐	☐	☐	☐	☐
WIPE TABLES	☐	☐	☐	☐	☐	☐	☐
STRAIGHTEN CUSHIONS	☐	☐	☐	☐	☐	☐	☐

WEEKLY	
DUST TABLES & SHELVES	☐
VACUUM/SWEEP/MOP FLOOR	☐
	☐
	☐

MONTHLY	
DUST BLINDS/WASH CURTAINS	☐
WASH WINDOWS	☐
	☐
	☐

DINING ROOM

DAILY	MON	TUE	WED	THU	FRI	SAT	SUN
ORGANIZE CLUTTER	☐	☐	☐	☐	☐	☐	☐
WIPE TABLES	☐	☐	☐	☐	☐	☐	☐
	☐	☐	☐	☐	☐	☐	☐

WEEKLY	
DUST	☐
VACUUM/SWEEP/MOP FLOOR	☐
	☐
	☐

MONTHLY	
DUST BLINDS/WASH CURTAINS	☐
WASH WINDOWS	☐
	☐
	☐

GARAGE

DAILY	MON	TUE	WED	THU	FRI	SAT	SUN
ORGANIZE CLUTTER	☐	☐	☐	☐	☐	☐	☐
	☐	☐	☐	☐	☐	☐	☐

WEEKLY	
SWEEP GARAGE FLOOR	☐
	☐
	☐

MONTHLY	
DUST SHELVES	☐
	☐
	☐

YARD

DAILY	MON	TUE	WED	THU	FRI	SAT	SUN
WATER PLANTS	☐	☐	☐	☐	☐	☐	☐

WEEKLY	
SWEEP	☐
	☐

MONTHLY	
TRIM PLANTS	☐
	☐

CLEANING CHECKLIST

ROOM:							
DAILY	MON	TUE	WED	THU	FRI	SAT	SUN
	☐	☐	☐	☐	☐	☐	☐
	☐	☐	☐	☐	☐	☐	☐
	☐	☐	☐	☐	☐	☐	☐
	☐	☐	☐	☐	☐	☐	☐
	☐	☐	☐	☐	☐	☐	☐
	☐	☐	☐	☐	☐	☐	☐
	☐	☐	☐	☐	☐	☐	☐

WEEKLY		MONTHLY	
	☐		☐
	☐		☐
	☐		☐
	☐		☐
	☐		☐
	☐		☐
	☐		☐

ROOM:							
DAILY	MON	TUE	WED	THU	FRI	SAT	SUN
	☐	☐	☐	☐	☐	☐	☐
	☐	☐	☐	☐	☐	☐	☐
	☐	☐	☐	☐	☐	☐	☐
	☐	☐	☐	☐	☐	☐	☐
	☐	☐	☐	☐	☐	☐	☐
	☐	☐	☐	☐	☐	☐	☐
	☐	☐	☐	☐	☐	☐	☐

WEEKLY		MONTHLY	
	☐		☐
	☐		☐
	☐		☐
	☐		☐
	☐		☐
	☐		☐
	☐		☐

ROOM:							
DAILY	MON	TUE	WED	THU	FRI	SAT	SUN
	☐	☐	☐	☐	☐	☐	☐
	☐	☐	☐	☐	☐	☐	☐
	☐	☐	☐	☐	☐	☐	☐
	☐	☐	☐	☐	☐	☐	☐
	☐	☐	☐	☐	☐	☐	☐
	☐	☐	☐	☐	☐	☐	☐
	☐	☐	☐	☐	☐	☐	☐

WEEKLY		MONTHLY	
	☐		☐
	☐		☐
	☐		☐
	☐		☐
	☐		☐
	☐		☐
	☐		☐

ROOM:							
DAILY	MON	TUE	WED	THU	FRI	SAT	SUN
	☐	☐	☐	☐	☐	☐	☐
	☐	☐	☐	☐	☐	☐	☐
	☐	☐	☐	☐	☐	☐	☐
	☐	☐	☐	☐	☐	☐	☐
	☐	☐	☐	☐	☐	☐	☐
	☐	☐	☐	☐	☐	☐	☐
	☐	☐	☐	☐	☐	☐	☐

WEEKLY		MONTHLY	
	☐		☐
	☐		☐
	☐		☐
	☐		☐
	☐		☐
	☐		☐
	☐		☐

CLEANING CHECKLIST

KITCHEN

DAILY	MON	TUE	WED	THU	FRI	SAT	SUN
CLEAR AND WIPE TABLE	☐	☐	☐	☐	☐	☐	☐
WASH DISHES	☐	☐	☐	☐	☐	☐	☐
WIPE DOWN COUNTERTOP/STOVE	☐	☐	☐	☐	☐	☐	☐
CLEAN THE SINK	☐	☐	☐	☐	☐	☐	☐
TAKE OUT TRASH	☐	☐	☐	☐	☐	☐	☐
SPOT CLEAN THE FLOOR	☐	☐	☐	☐	☐	☐	☐
	☐	☐	☐	☐	☐	☐	☐

WEEKLY	
ORGANIZE FRIDGE	☐
DISCARD OLD FOOD	☐
WIPE DOWN APPLIANCES	☐
VACUUM/SWEEP/MOP FLOOR	☐
ORGANIZE CUPBOARD	☐
SPOT CLEAN THE FLOOR	☐
WIPE FRIDGE	☐
	☐

MONTHLY	
CLEAN WINDOWS	☐
WIPE CUPBOARD DOORS	☐
CLEAN OVEN AND RANGE	☐
CLEAN APPLIANCES	☐
	☐
	☐
	☐
	☐

BATHROOM

DAILY	MON	TUE	WED	THU	FRI	SAT	SUN
WIPE THE MIRROR	☐	☐	☐	☐	☐	☐	☐
WIPE COUNTERTOP	☐	☐	☐	☐	☐	☐	☐
CLEAN TOILET	☐	☐	☐	☐	☐	☐	☐
SQUEEGEE SHOWER DOOR	☐	☐	☐	☐	☐	☐	☐
	☐	☐	☐	☐	☐	☐	☐
	☐	☐	☐	☐	☐	☐	☐

WEEKLY	
CLEAN SINK/COUNTERTOP	☐
CLEAN TUB	☐
CLEAN TOILET	☐
EMPTY TRASH	☐
MOP FLOOR	☐
	☐
	☐

MONTHLY	
CLEAN WINDOWS	☐
WASH RUGS	☐
SCRUB TUB	☐
	☐
	☐
	☐
	☐

LIVING ROOM

DAILY	MON	TUE	WED	THU	FRI	SAT	SUN
ORGANIZE CLUTTER	☐	☐	☐	☐	☐	☐	☐
WIPE TABLES	☐	☐	☐	☐	☐	☐	☐
STRAIGHTEN CUSHIONS	☐	☐	☐	☐	☐	☐	☐

WEEKLY	
DUST TABLES & SHELVES	☐
VACUUM/SWEEP/MOP FLOOR	☐
	☐
	☐

MONTHLY	
DUST BLINDS/WASH CURTAINS	☐
WASH WINDOWS	☐
	☐
	☐

DINING ROOM

DAILY	MON	TUE	WED	THU	FRI	SAT	SUN
ORGANIZE CLUTTER	☐	☐	☐	☐	☐	☐	☐
WIPE TABLES	☐	☐	☐	☐	☐	☐	☐
	☐	☐	☐	☐	☐	☐	☐

WEEKLY	
DUST	☐
VACUUM/SWEEP/MOP FLOOR	☐
	☐
	☐

MONTHLY	
DUST BLINDS/WASH CURTAINS	☐
WASH WINDOWS	☐
	☐
	☐

GARAGE

DAILY	MON	TUE	WED	THU	FRI	SAT	SUN
ORGANIZE CLUTTER	☐	☐	☐	☐	☐	☐	☐
	☐	☐	☐	☐	☐	☐	☐

WEEKLY	
SWEEP GARAGE FLOOR	☐
	☐
	☐

MONTHLY	
DUST SHELVES	☐
	☐
	☐

YARD

DAILY	MON	TUE	WED	THU	FRI	SAT	SUN
WATER PLANTS	☐	☐	☐	☐	☐	☐	☐

WEEKLY	
SWEEP	☐
	☐

MONTHLY	
TRIM PLANTS	☐
	☐

CLEANING CHECKLIST

ROOM:							
DAILY	MON	TUE	WED	THU	FRI	SAT	SUN
	☐	☐	☐	☐	☐	☐	☐
	☐	☐	☐	☐	☐	☐	☐
	☐	☐	☐	☐	☐	☐	☐
	☐	☐	☐	☐	☐	☐	☐
	☐	☐	☐	☐	☐	☐	☐
	☐	☐	☐	☐	☐	☐	☐
	☐	☐	☐	☐	☐	☐	☐

WEEKLY		MONTHLY	
	☐		☐
	☐		☐
	☐		☐
	☐		☐
	☐		☐
	☐		☐
	☐		☐

ROOM:							
DAILY	MON	TUE	WED	THU	FRI	SAT	SUN
	☐	☐	☐	☐	☐	☐	☐
	☐	☐	☐	☐	☐	☐	☐
	☐	☐	☐	☐	☐	☐	☐
	☐	☐	☐	☐	☐	☐	☐
	☐	☐	☐	☐	☐	☐	☐
	☐	☐	☐	☐	☐	☐	☐
	☐	☐	☐	☐	☐	☐	☐

WEEKLY		MONTHLY	
	☐		☐
	☐		☐
	☐		☐
	☐		☐
	☐		☐
	☐		☐
	☐		☐

ROOM:							
DAILY	MON	TUE	WED	THU	FRI	SAT	SUN
	☐	☐	☐	☐	☐	☐	☐
	☐	☐	☐	☐	☐	☐	☐
	☐	☐	☐	☐	☐	☐	☐
	☐	☐	☐	☐	☐	☐	☐
	☐	☐	☐	☐	☐	☐	☐
	☐	☐	☐	☐	☐	☐	☐
	☐	☐	☐	☐	☐	☐	☐

WEEKLY		MONTHLY	
	☐		☐
	☐		☐
	☐		☐
	☐		☐
	☐		☐
	☐		☐
	☐		☐

ROOM:							
DAILY	MON	TUE	WED	THU	FRI	SAT	SUN
	☐	☐	☐	☐	☐	☐	☐
	☐	☐	☐	☐	☐	☐	☐
	☐	☐	☐	☐	☐	☐	☐
	☐	☐	☐	☐	☐	☐	☐
	☐	☐	☐	☐	☐	☐	☐
	☐	☐	☐	☐	☐	☐	☐
	☐	☐	☐	☐	☐	☐	☐

WEEKLY		MONTHLY	
	☐		☐
	☐		☐
	☐		☐
	☐		☐
	☐		☐
	☐		☐
	☐		☐

CLEANING CHECKLIST

KITCHEN

DAILY	MON	TUE	WED	THU	FRI	SAT	SUN
CLEAR AND WIPE TABLE	☐	☐	☐	☐	☐	☐	☐
WASH DISHES	☐	☐	☐	☐	☐	☐	☐
WIPE DOWN COUNTERTOP/STOVE	☐	☐	☐	☐	☐	☐	☐
CLEAN THE SINK	☐	☐	☐	☐	☐	☐	☐
TAKE OUT TRASH	☐	☐	☐	☐	☐	☐	☐
SPOT CLEAN THE FLOOR	☐	☐	☐	☐	☐	☐	☐
	☐	☐	☐	☐	☐	☐	☐

WEEKLY	
ORGANIZE FRIDGE	☐
DISCARD OLD FOOD	☐
WIPE DOWN APPLIANCES	☐
VACUUM/SWEEP/MOP FLOOR	☐
ORGANIZE CUPBOARD	☐
SPOT CLEAN THE FLOOR	☐
WIPE FRIDGE	☐
	☐

MONTHLY	
CLEAN WINDOWS	☐
WIPE CUPBOARD DOORS	☐
CLEAN OVEN AND RANGE	☐
CLEAN APPLIANCES	☐
	☐
	☐
	☐
	☐

BATHROOM

DAILY	MON	TUE	WED	THU	FRI	SAT	SUN
WIPE THE MIRROR	☐	☐	☐	☐	☐	☐	☐
WIPE COUNTERTOP	☐	☐	☐	☐	☐	☐	☐
CLEAN TOILET	☐	☐	☐	☐	☐	☐	☐
SQUEEGEE SHOWER DOOR	☐	☐	☐	☐	☐	☐	☐
	☐	☐	☐	☐	☐	☐	☐
	☐	☐	☐	☐	☐	☐	☐

WEEKLY	
CLEAN SINK/COUNTERTOP	☐
CLEAN TUB	☐
CLEAN TOILET	☐
EMPTY TRASH	☐
MOP FLOOR	☐
	☐
	☐

MONTHLY	
CLEAN WINDOWS	☐
WASH RUGS	☐
SCRUB TUB	☐
	☐
	☐
	☐
	☐

LIVING ROOM

DAILY	MON	TUE	WED	THU	FRI	SAT	SUN
ORGANIZE CLUTTER	☐	☐	☐	☐	☐	☐	☐
WIPE TABLES	☐	☐	☐	☐	☐	☐	☐
STRAIGHTEN CUSHIONS	☐	☐	☐	☐	☐	☐	☐

WEEKLY	
DUST TABLES & SHELVES	☐
VACUUM/SWEEP/MOP FLOOR	☐
	☐
	☐

MONTHLY	
DUST BLINDS/WASH CURTAINS	☐
WASH WINDOWS	☐
	☐
	☐

DINING ROOM

DAILY	MON	TUE	WED	THU	FRI	SAT	SUN
ORGANIZE CLUTTER	☐	☐	☐	☐	☐	☐	☐
WIPE TABLES	☐	☐	☐	☐	☐	☐	☐
	☐	☐	☐	☐	☐	☐	☐

WEEKLY	
DUST	☐
VACUUM/SWEEP/MOP FLOOR	☐
	☐
	☐

MONTHLY	
DUST BLINDS/WASH CURTAINS	☐
WASH WINDOWS	☐
	☐
	☐

GARAGE

DAILY	MON	TUE	WED	THU	FRI	SAT	SUN
ORGANIZE CLUTTER	☐	☐	☐	☐	☐	☐	☐
	☐	☐	☐	☐	☐	☐	☐

WEEKLY	
SWEEP GARAGE FLOOR	☐
	☐
	☐

MONTHLY	
DUST SHELVES	☐
	☐
	☐

YARD

DAILY	MON	TUE	WED	THU	FRI	SAT	SUN
WATER PLANTS	☐	☐	☐	☐	☐	☐	☐

WEEKLY	
SWEEP	☐
	☐

MONTHLY	
TRIM PLANTS	☐
	☐

CLEANING CHECKLIST

ROOM:									WEEKLY		MONTHLY	
DAILY	MON	TUE	WED	THU	FRI	SAT	SUN			☐		☐
	☐	☐	☐	☐	☐	☐	☐			☐		☐
	☐	☐	☐	☐	☐	☐	☐			☐		☐
	☐	☐	☐	☐	☐	☐	☐			☐		☐
	☐	☐	☐	☐	☐	☐	☐			☐		☐
	☐	☐	☐	☐	☐	☐	☐			☐		☐
	☐	☐	☐	☐	☐	☐	☐			☐		☐
	☐	☐	☐	☐	☐	☐	☐			☐		☐
	☐	☐	☐	☐	☐	☐	☐			☐		☐

ROOM:									WEEKLY		MONTHLY	
DAILY	MON	TUE	WED	THU	FRI	SAT	SUN			☐		☐
	☐	☐	☐	☐	☐	☐	☐			☐		☐
	☐	☐	☐	☐	☐	☐	☐			☐		☐
	☐	☐	☐	☐	☐	☐	☐			☐		☐
	☐	☐	☐	☐	☐	☐	☐			☐		☐
	☐	☐	☐	☐	☐	☐	☐			☐		☐
	☐	☐	☐	☐	☐	☐	☐			☐		☐
	☐	☐	☐	☐	☐	☐	☐			☐		☐
	☐	☐	☐	☐	☐	☐	☐			☐		☐

ROOM:									WEEKLY		MONTHLY	
DAILY	MON	TUE	WED	THU	FRI	SAT	SUN			☐		☐
	☐	☐	☐	☐	☐	☐	☐			☐		☐
	☐	☐	☐	☐	☐	☐	☐			☐		☐
	☐	☐	☐	☐	☐	☐	☐			☐		☐
	☐	☐	☐	☐	☐	☐	☐			☐		☐
	☐	☐	☐	☐	☐	☐	☐			☐		☐
	☐	☐	☐	☐	☐	☐	☐			☐		☐
	☐	☐	☐	☐	☐	☐	☐			☐		☐
	☐	☐	☐	☐	☐	☐	☐			☐		☐

ROOM:									WEEKLY		MONTHLY	
DAILY	MON	TUE	WED	THU	FRI	SAT	SUN			☐		☐
	☐	☐	☐	☐	☐	☐	☐			☐		☐
	☐	☐	☐	☐	☐	☐	☐			☐		☐
	☐	☐	☐	☐	☐	☐	☐			☐		☐
	☐	☐	☐	☐	☐	☐	☐			☐		☐
	☐	☐	☐	☐	☐	☐	☐			☐		☐
	☐	☐	☐	☐	☐	☐	☐			☐		☐
	☐	☐	☐	☐	☐	☐	☐			☐		☐
	☐	☐	☐	☐	☐	☐	☐			☐		☐

CLEANING CHECKLIST

KITCHEN

DAILY	MON	TUE	WED	THU	FRI	SAT	SUN
CLEAR AND WIPE TABLE	☐	☐	☐	☐	☐	☐	☐
WASH DISHES	☐	☐	☐	☐	☐	☐	☐
WIPE DOWN COUNTERTOP/STOVE	☐	☐	☐	☐	☐	☐	☐
CLEAN THE SINK	☐	☐	☐	☐	☐	☐	☐
TAKE OUT TRASH	☐	☐	☐	☐	☐	☐	☐
SPOT CLEAN THE FLOOR	☐	☐	☐	☐	☐	☐	☐
	☐	☐	☐	☐	☐	☐	☐

WEEKLY	
ORGANIZE FRIDGE	☐
DISCARD OLD FOOD	☐
WIPE DOWN APPLIANCES	☐
VACUUM/SWEEP/MOP FLOOR	☐
ORGANIZE CUPBOARD	☐
SPOT CLEAN THE FLOOR	☐
WIPE FRIDGE	☐
	☐

MONTHLY	
CLEAN WINDOWS	☐
WIPE CUPBOARD DOORS	☐
CLEAN OVEN AND RANGE	☐
CLEAN APPLIANCES	☐
	☐
	☐
	☐
	☐

BATHROOM

DAILY	MON	TUE	WED	THU	FRI	SAT	SUN
WIPE THE MIRROR	☐	☐	☐	☐	☐	☐	☐
WIPE COUNTERTOP	☐	☐	☐	☐	☐	☐	☐
CLEAN TOILET	☐	☐	☐	☐	☐	☐	☐
SQUEEGEE SHOWER DOOR	☐	☐	☐	☐	☐	☐	☐
	☐	☐	☐	☐	☐	☐	☐
	☐	☐	☐	☐	☐	☐	☐

WEEKLY	
CLEAN SINK/COUNTERTOP	☐
CLEAN TUB	☐
CLEAN TOILET	☐
EMPTY TRASH	☐
MOP FLOOR	☐
	☐
	☐

MONTHLY	
CLEAN WINDOWS	☐
WASH RUGS	☐
SCRUB TUB	☐
	☐
	☐
	☐
	☐

LIVING ROOM

DAILY	MON	TUE	WED	THU	FRI	SAT	SUN
ORGANIZE CLUTTER	☐	☐	☐	☐	☐	☐	☐
WIPE TABLES	☐	☐	☐	☐	☐	☐	☐
STRAIGHTEN CUSHIONS	☐	☐	☐	☐	☐	☐	☐

WEEKLY	
DUST TABLES & SHELVES	☐
VACUUM/SWEEP/MOP FLOOR	☐
	☐
	☐

MONTHLY	
DUST BLINDS/WASH CURTAINS	☐
WASH WINDOWS	☐
	☐
	☐

DINING ROOM

DAILY	MON	TUE	WED	THU	FRI	SAT	SUN
ORGANIZE CLUTTER	☐	☐	☐	☐	☐	☐	☐
WIPE TABLES	☐	☐	☐	☐	☐	☐	☐
	☐	☐	☐	☐	☐	☐	☐

WEEKLY	
DUST	☐
VACUUM/SWEEP/MOP FLOOR	☐
	☐
	☐

MONTHLY	
DUST BLINDS/WASH CURTAINS	☐
WASH WINDOWS	☐
	☐
	☐

GARAGE

DAILY	MON	TUE	WED	THU	FRI	SAT	SUN
ORGANIZE CLUTTER	☐	☐	☐	☐	☐	☐	☐
	☐	☐	☐	☐	☐	☐	☐

WEEKLY	
SWEEP GARAGE FLOOR	☐
	☐
	☐

MONTHLY	
DUST SHELVES	☐
	☐
	☐

YARD

DAILY	MON	TUE	WED	THU	FRI	SAT	SUN
WATER PLANTS	☐	☐	☐	☐	☐	☐	☐

WEEKLY	
SWEEP	☐
	☐

MONTHLY	
TRIM PLANTS	☐
	☐

CLEANING CHECKLIST

ROOM:							
DAILY	MON	TUE	WED	THU	FRI	SAT	SUN
	☐	☐	☐	☐	☐	☐	☐
	☐	☐	☐	☐	☐	☐	☐
	☐	☐	☐	☐	☐	☐	☐
	☐	☐	☐	☐	☐	☐	☐
	☐	☐	☐	☐	☐	☐	☐
	☐	☐	☐	☐	☐	☐	☐
	☐	☐	☐	☐	☐	☐	☐

WEEKLY		MONTHLY	
	☐		☐
	☐		☐
	☐		☐
	☐		☐
	☐		☐
	☐		☐
	☐		☐

ROOM:							
DAILY	MON	TUE	WED	THU	FRI	SAT	SUN
	☐	☐	☐	☐	☐	☐	☐
	☐	☐	☐	☐	☐	☐	☐
	☐	☐	☐	☐	☐	☐	☐
	☐	☐	☐	☐	☐	☐	☐
	☐	☐	☐	☐	☐	☐	☐
	☐	☐	☐	☐	☐	☐	☐
	☐	☐	☐	☐	☐	☐	☐

WEEKLY		MONTHLY	
	☐		☐
	☐		☐
	☐		☐
	☐		☐
	☐		☐
	☐		☐
	☐		☐

ROOM:							
DAILY	MON	TUE	WED	THU	FRI	SAT	SUN
	☐	☐	☐	☐	☐	☐	☐
	☐	☐	☐	☐	☐	☐	☐
	☐	☐	☐	☐	☐	☐	☐
	☐	☐	☐	☐	☐	☐	☐
	☐	☐	☐	☐	☐	☐	☐
	☐	☐	☐	☐	☐	☐	☐
	☐	☐	☐	☐	☐	☐	☐

WEEKLY		MONTHLY	
	☐		☐
	☐		☐
	☐		☐
	☐		☐
	☐		☐
	☐		☐
	☐		☐

ROOM:							
DAILY	MON	TUE	WED	THU	FRI	SAT	SUN
	☐	☐	☐	☐	☐	☐	☐
	☐	☐	☐	☐	☐	☐	☐
	☐	☐	☐	☐	☐	☐	☐
	☐	☐	☐	☐	☐	☐	☐
	☐	☐	☐	☐	☐	☐	☐
	☐	☐	☐	☐	☐	☐	☐
	☐	☐	☐	☐	☐	☐	☐

WEEKLY		MONTHLY	
	☐		☐
	☐		☐
	☐		☐
	☐		☐
	☐		☐
	☐		☐
	☐		☐

CLEANING CHECKLIST

KITCHEN

DAILY	MON	TUE	WED	THU	FRI	SAT	SUN
CLEAR AND WIPE TABLE	☐	☐	☐	☐	☐	☐	☐
WASH DISHES	☐	☐	☐	☐	☐	☐	☐
WIPE DOWN COUNTERTOP/STOVE	☐	☐	☐	☐	☐	☐	☐
CLEAN THE SINK	☐	☐	☐	☐	☐	☐	☐
TAKE OUT TRASH	☐	☐	☐	☐	☐	☐	☐
SPOT CLEAN THE FLOOR	☐	☐	☐	☐	☐	☐	☐
	☐	☐	☐	☐	☐	☐	☐

WEEKLY	
ORGANIZE FRIDGE	☐
DISCARD OLD FOOD	☐
WIPE DOWN APPLIANCES	☐
VACUUM/SWEEP/MOP FLOOR	☐
ORGANIZE CUPBOARD	☐
SPOT CLEAN THE FLOOR	☐
WIPE FRIDGE	☐
	☐

MONTHLY	
CLEAN WINDOWS	☐
WIPE CUPBOARD DOORS	☐
CLEAN OVEN AND RANGE	☐
CLEAN APPLIANCES	☐
	☐
	☐
	☐
	☐

BATHROOM

DAILY	MON	TUE	WED	THU	FRI	SAT	SUN
WIPE THE MIRROR	☐	☐	☐	☐	☐	☐	☐
WIPE COUNTERTOP	☐	☐	☐	☐	☐	☐	☐
CLEAN TOILET	☐	☐	☐	☐	☐	☐	☐
SQUEEGEE SHOWER DOOR	☐	☐	☐	☐	☐	☐	☐
	☐	☐	☐	☐	☐	☐	☐
	☐	☐	☐	☐	☐	☐	☐

WEEKLY	
CLEAN SINK/COUNTERTOP	☐
CLEAN TUB	☐
CLEAN TOILET	☐
EMPTY TRASH	☐
MOP FLOOR	☐
	☐
	☐

MONTHLY	
CLEAN WINDOWS	☐
WASH RUGS	☐
SCRUB TUB	☐
	☐
	☐
	☐
	☐

LIVING ROOM

DAILY	MON	TUE	WED	THU	FRI	SAT	SUN
ORGANIZE CLUTTER	☐	☐	☐	☐	☐	☐	☐
WIPE TABLES	☐	☐	☐	☐	☐	☐	☐
STRAIGHTEN CUSHIONS	☐	☐	☐	☐	☐	☐	☐

WEEKLY	
DUST TABLES & SHELVES	☐
VACUUM/SWEEP/MOP FLOOR	☐
	☐
	☐

MONTHLY	
DUST BLINDS/WASH CURTAINS	☐
WASH WINDOWS	☐
	☐
	☐

DINING ROOM

DAILY	MON	TUE	WED	THU	FRI	SAT	SUN
ORGANIZE CLUTTER	☐	☐	☐	☐	☐	☐	☐
WIPE TABLES	☐	☐	☐	☐	☐	☐	☐
	☐	☐	☐	☐	☐	☐	☐

WEEKLY	
DUST	☐
VACUUM/SWEEP/MOP FLOOR	☐
	☐
	☐

MONTHLY	
DUST BLINDS/WASH CURTAINS	☐
WASH WINDOWS	☐
	☐
	☐

GARAGE

DAILY	MON	TUE	WED	THU	FRI	SAT	SUN
ORGANIZE CLUTTER	☐	☐	☐	☐	☐	☐	☐
	☐	☐	☐	☐	☐	☐	☐

WEEKLY	
SWEEP GARAGE FLOOR	☐
	☐
	☐

MONTHLY	
DUST SHELVES	☐
	☐
	☐

YARD

DAILY	MON	TUE	WED	THU	FRI	SAT	SUN
WATER PLANTS	☐	☐	☐	☐	☐	☐	☐

WEEKLY	
SWEEP	☐
	☐

MONTHLY	
TRIM PLANTS	☐
	☐

CLEANING CHECKLIST

ROOM:							
DAILY	MON	TUE	WED	THU	FRI	SAT	SUN
	☐	☐	☐	☐	☐	☐	☐
	☐	☐	☐	☐	☐	☐	☐
	☐	☐	☐	☐	☐	☐	☐
	☐	☐	☐	☐	☐	☐	☐
	☐	☐	☐	☐	☐	☐	☐
	☐	☐	☐	☐	☐	☐	☐
	☐	☐	☐	☐	☐	☐	☐
	☐	☐	☐	☐	☐	☐	☐

WEEKLY		MONTHLY	
	☐		☐
	☐		☐
	☐		☐
	☐		☐
	☐		☐
	☐		☐
	☐		☐
	☐		☐

ROOM:							
DAILY	MON	TUE	WED	THU	FRI	SAT	SUN
	☐	☐	☐	☐	☐	☐	☐
	☐	☐	☐	☐	☐	☐	☐
	☐	☐	☐	☐	☐	☐	☐
	☐	☐	☐	☐	☐	☐	☐
	☐	☐	☐	☐	☐	☐	☐
	☐	☐	☐	☐	☐	☐	☐
	☐	☐	☐	☐	☐	☐	☐
	☐	☐	☐	☐	☐	☐	☐

WEEKLY		MONTHLY	
	☐		☐
	☐		☐
	☐		☐
	☐		☐
	☐		☐
	☐		☐
	☐		☐
	☐		☐

ROOM:							
DAILY	MON	TUE	WED	THU	FRI	SAT	SUN
	☐	☐	☐	☐	☐	☐	☐
	☐	☐	☐	☐	☐	☐	☐
	☐	☐	☐	☐	☐	☐	☐
	☐	☐	☐	☐	☐	☐	☐
	☐	☐	☐	☐	☐	☐	☐
	☐	☐	☐	☐	☐	☐	☐
	☐	☐	☐	☐	☐	☐	☐
	☐	☐	☐	☐	☐	☐	☐

WEEKLY		MONTHLY	
	☐		☐
	☐		☐
	☐		☐
	☐		☐
	☐		☐
	☐		☐
	☐		☐
	☐		☐

ROOM:							
DAILY	MON	TUE	WED	THU	FRI	SAT	SUN
	☐	☐	☐	☐	☐	☐	☐
	☐	☐	☐	☐	☐	☐	☐
	☐	☐	☐	☐	☐	☐	☐
	☐	☐	☐	☐	☐	☐	☐
	☐	☐	☐	☐	☐	☐	☐
	☐	☐	☐	☐	☐	☐	☐
	☐	☐	☐	☐	☐	☐	☐
	☐	☐	☐	☐	☐	☐	☐

WEEKLY		MONTHLY	
	☐		☐
	☐		☐
	☐		☐
	☐		☐
	☐		☐
	☐		☐
	☐		☐
	☐		☐

CLEANING CHECKLIST

KITCHEN

DAILY	MON	TUE	WED	THU	FRI	SAT	SUN
CLEAR AND WIPE TABLE	☐	☐	☐	☐	☐	☐	☐
WASH DISHES	☐	☐	☐	☐	☐	☐	☐
WIPE DOWN COUNTERTOP/STOVE	☐	☐	☐	☐	☐	☐	☐
CLEAN THE SINK	☐	☐	☐	☐	☐	☐	☐
TAKE OUT TRASH	☐	☐	☐	☐	☐	☐	☐
SPOT CLEAN THE FLOOR	☐	☐	☐	☐	☐	☐	☐
	☐	☐	☐	☐	☐	☐	☐

WEEKLY	
ORGANIZE FRIDGE	☐
DISCARD OLD FOOD	☐
WIPE DOWN APPLIANCES	☐
VACUUM/SWEEP/MOP FLOOR	☐
ORGANIZE CUPBOARD	☐
SPOT CLEAN THE FLOOR	☐
WIPE FRIDGE	☐
	☐

MONTHLY	
CLEAN WINDOWS	☐
WIPE CUPBOARD DOORS	☐
CLEAN OVEN AND RANGE	☐
CLEAN APPLIANCES	☐
	☐
	☐
	☐
	☐

BATHROOM

DAILY	MON	TUE	WED	THU	FRI	SAT	SUN
WIPE THE MIRROR	☐	☐	☐	☐	☐	☐	☐
WIPE COUNTERTOP	☐	☐	☐	☐	☐	☐	☐
CLEAN TOILET	☐	☐	☐	☐	☐	☐	☐
SQUEEGEE SHOWER DOOR	☐	☐	☐	☐	☐	☐	☐
	☐	☐	☐	☐	☐	☐	☐
	☐	☐	☐	☐	☐	☐	☐

WEEKLY	
CLEAN SINK/COUNTERTOP	☐
CLEAN TUB	☐
CLEAN TOILET	☐
EMPTY TRASH	☐
MOP FLOOR	☐
	☐
	☐

MONTHLY	
CLEAN WINDOWS	☐
WASH RUGS	☐
SCRUB TUB	☐
	☐
	☐
	☐
	☐

LIVING ROOM

DAILY	MON	TUE	WED	THU	FRI	SAT	SUN
ORGANIZE CLUTTER	☐	☐	☐	☐	☐	☐	☐
WIPE TABLES	☐	☐	☐	☐	☐	☐	☐
STRAIGHTEN CUSHIONS	☐	☐	☐	☐	☐	☐	☐

WEEKLY	
DUST TABLES & SHELVES	☐
VACUUM/SWEEP/MOP FLOOR	☐
	☐
	☐

MONTHLY	
DUST BLINDS/WASH CURTAINS	☐
WASH WINDOWS	☐
	☐
	☐

DINING ROOM

DAILY	MON	TUE	WED	THU	FRI	SAT	SUN
ORGANIZE CLUTTER	☐	☐	☐	☐	☐	☐	☐
WIPE TABLES	☐	☐	☐	☐	☐	☐	☐
	☐	☐	☐	☐	☐	☐	☐

WEEKLY	
DUST	☐
VACUUM/SWEEP/MOP FLOOR	☐
	☐
	☐

MONTHLY	
DUST BLINDS/WASH CURTAINS	☐
WASH WINDOWS	☐
	☐
	☐

GARAGE

DAILY	MON	TUE	WED	THU	FRI	SAT	SUN
ORGANIZE CLUTTER	☐	☐	☐	☐	☐	☐	☐
	☐	☐	☐	☐	☐	☐	☐

WEEKLY	
SWEEP GARAGE FLOOR	☐
	☐
	☐

MONTHLY	
DUST SHELVES	☐
	☐
	☐

YARD

DAILY	MON	TUE	WED	THU	FRI	SAT	SUN
WATER PLANTS	☐	☐	☐	☐	☐	☐	☐

WEEKLY	
SWEEP	☐
	☐

MONTHLY	
TRIM PLANTS	☐

CLEANING CHECKLIST

ROOM:								
DAILY	MON	TUE	WED	THU	FRI	SAT	SUN
	☐	☐	☐	☐	☐	☐	☐
	☐	☐	☐	☐	☐	☐	☐
	☐	☐	☐	☐	☐	☐	☐
	☐	☐	☐	☐	☐	☐	☐
	☐	☐	☐	☐	☐	☐	☐
	☐	☐	☐	☐	☐	☐	☐
	☐	☐	☐	☐	☐	☐	☐

WEEKLY		MONTHLY	
	☐		☐
	☐		☐
	☐		☐
	☐		☐
	☐		☐
	☐		☐
	☐		☐
	☐		☐

ROOM:								
DAILY	MON	TUE	WED	THU	FRI	SAT	SUN
	☐	☐	☐	☐	☐	☐	☐
	☐	☐	☐	☐	☐	☐	☐
	☐	☐	☐	☐	☐	☐	☐
	☐	☐	☐	☐	☐	☐	☐
	☐	☐	☐	☐	☐	☐	☐
	☐	☐	☐	☐	☐	☐	☐
	☐	☐	☐	☐	☐	☐	☐

WEEKLY		MONTHLY	
	☐		☐
	☐		☐
	☐		☐
	☐		☐
	☐		☐
	☐		☐
	☐		☐
	☐		☐

ROOM:								
DAILY	MON	TUE	WED	THU	FRI	SAT	SUN
	☐	☐	☐	☐	☐	☐	☐
	☐	☐	☐	☐	☐	☐	☐
	☐	☐	☐	☐	☐	☐	☐
	☐	☐	☐	☐	☐	☐	☐
	☐	☐	☐	☐	☐	☐	☐
	☐	☐	☐	☐	☐	☐	☐
	☐	☐	☐	☐	☐	☐	☐

WEEKLY		MONTHLY	
	☐		☐
	☐		☐
	☐		☐
	☐		☐
	☐		☐
	☐		☐
	☐		☐
	☐		☐

ROOM:								
DAILY	MON	TUE	WED	THU	FRI	SAT	SUN
	☐	☐	☐	☐	☐	☐	☐
	☐	☐	☐	☐	☐	☐	☐
	☐	☐	☐	☐	☐	☐	☐
	☐	☐	☐	☐	☐	☐	☐
	☐	☐	☐	☐	☐	☐	☐
	☐	☐	☐	☐	☐	☐	☐
	☐	☐	☐	☐	☐	☐	☐

WEEKLY		MONTHLY	
	☐		☐
	☐		☐
	☐		☐
	☐		☐
	☐		☐
	☐		☐
	☐		☐
	☐		☐

CLEANING CHECKLIST

KITCHEN

DAILY	MON	TUE	WED	THU	FRI	SAT	SUN
CLEAR AND WIPE TABLE	☐	☐	☐	☐	☐	☐	☐
WASH DISHES	☐	☐	☐	☐	☐	☐	☐
WIPE DOWN COUNTERTOP/STOVE	☐	☐	☐	☐	☐	☐	☐
CLEAN THE SINK	☐	☐	☐	☐	☐	☐	☐
TAKE OUT TRASH	☐	☐	☐	☐	☐	☐	☐
SPOT CLEAN THE FLOOR	☐	☐	☐	☐	☐	☐	☐
	☐	☐	☐	☐	☐	☐	☐

WEEKLY	
ORGANIZE FRIDGE	☐
DISCARD OLD FOOD	☐
WIPE DOWN APPLIANCES	☐
VACUUM/SWEEP/MOP FLOOR	☐
ORGANIZE CUPBOARD	☐
SPOT CLEAN THE FLOOR	☐
WIPE FRIDGE	☐
	☐

MONTHLY	
CLEAN WINDOWS	☐
WIPE CUPBOARD DOORS	☐
CLEAN OVEN AND RANGE	☐
CLEAN APPLIANCES	☐
	☐
	☐
	☐
	☐

BATHROOM

DAILY	MON	TUE	WED	THU	FRI	SAT	SUN
WIPE THE MIRROR	☐	☐	☐	☐	☐	☐	☐
WIPE COUNTERTOP	☐	☐	☐	☐	☐	☐	☐
CLEAN TOILET	☐	☐	☐	☐	☐	☐	☐
SQUEEGEE SHOWER DOOR	☐	☐	☐	☐	☐	☐	☐
	☐	☐	☐	☐	☐	☐	☐
	☐	☐	☐	☐	☐	☐	☐

WEEKLY	
CLEAN SINK/COUNTERTOP	☐
CLEAN TUB	☐
CLEAN TOILET	☐
EMPTY TRASH	☐
MOP FLOOR	☐
	☐
	☐

MONTHLY	
CLEAN WINDOWS	☐
WASH RUGS	☐
SCRUB TUB	☐
	☐
	☐
	☐
	☐

LIVING ROOM

DAILY	MON	TUE	WED	THU	FRI	SAT	SUN
ORGANIZE CLUTTER	☐	☐	☐	☐	☐	☐	☐
WIPE TABLES	☐	☐	☐	☐	☐	☐	☐
STRAIGHTEN CUSHIONS	☐	☐	☐	☐	☐	☐	☐

WEEKLY	
DUST TABLES & SHELVES	☐
VACUUM/SWEEP/MOP FLOOR	☐
	☐
	☐

MONTHLY	
DUST BLINDS/WASH CURTAINS	☐
WASH WINDOWS	☐
	☐
	☐

DINING ROOM

DAILY	MON	TUE	WED	THU	FRI	SAT	SUN
ORGANIZE CLUTTER	☐	☐	☐	☐	☐	☐	☐
WIPE TABLES	☐	☐	☐	☐	☐	☐	☐
	☐	☐	☐	☐	☐	☐	☐

WEEKLY	
DUST	☐
VACUUM/SWEEP/MOP FLOOR	☐
	☐
	☐

MONTHLY	
DUST BLINDS/WASH CURTAINS	☐
WASH WINDOWS	☐
	☐
	☐

GARAGE

DAILY	MON	TUE	WED	THU	FRI	SAT	SUN
ORGANIZE CLUTTER	☐	☐	☐	☐	☐	☐	☐
	☐	☐	☐	☐	☐	☐	☐

WEEKLY	
SWEEP GARAGE FLOOR	☐
	☐
	☐

MONTHLY	
DUST SHELVES	☐
	☐
	☐

YARD

DAILY	MON	TUE	WED	THU	FRI	SAT	SUN
WATER PLANTS	☐	☐	☐	☐	☐	☐	☐

WEEKLY	
SWEEP	☐
	☐

MONTHLY	
TRIM PLANTS	☐
	☐

CLEANING CHECKLIST

ROOM:								
DAILY	MON	TUE	WED	THU	FRI	SAT	SUN	
	☐	☐	☐	☐	☐	☐	☐	
	☐	☐	☐	☐	☐	☐	☐	
	☐	☐	☐	☐	☐	☐	☐	
	☐	☐	☐	☐	☐	☐	☐	
	☐	☐	☐	☐	☐	☐	☐	
	☐	☐	☐	☐	☐	☐	☐	
	☐	☐	☐	☐	☐	☐	☐	

WEEKLY		MONTHLY	
	☐		☐
	☐		☐
	☐		☐
	☐		☐
	☐		☐
	☐		☐
	☐		☐

ROOM:								
DAILY	MON	TUE	WED	THU	FRI	SAT	SUN	
	☐	☐	☐	☐	☐	☐	☐	
	☐	☐	☐	☐	☐	☐	☐	
	☐	☐	☐	☐	☐	☐	☐	
	☐	☐	☐	☐	☐	☐	☐	
	☐	☐	☐	☐	☐	☐	☐	
	☐	☐	☐	☐	☐	☐	☐	
	☐	☐	☐	☐	☐	☐	☐	

WEEKLY		MONTHLY	
	☐		☐
	☐		☐
	☐		☐
	☐		☐
	☐		☐
	☐		☐
	☐		☐

ROOM:								
DAILY	MON	TUE	WED	THU	FRI	SAT	SUN	
	☐	☐	☐	☐	☐	☐	☐	
	☐	☐	☐	☐	☐	☐	☐	
	☐	☐	☐	☐	☐	☐	☐	
	☐	☐	☐	☐	☐	☐	☐	
	☐	☐	☐	☐	☐	☐	☐	
	☐	☐	☐	☐	☐	☐	☐	
	☐	☐	☐	☐	☐	☐	☐	

WEEKLY		MONTHLY	
	☐		☐
	☐		☐
	☐		☐
	☐		☐
	☐		☐
	☐		☐
	☐		☐

ROOM:								
DAILY	MON	TUE	WED	THU	FRI	SAT	SUN	
	☐	☐	☐	☐	☐	☐	☐	
	☐	☐	☐	☐	☐	☐	☐	
	☐	☐	☐	☐	☐	☐	☐	
	☐	☐	☐	☐	☐	☐	☐	
	☐	☐	☐	☐	☐	☐	☐	
	☐	☐	☐	☐	☐	☐	☐	
	☐	☐	☐	☐	☐	☐	☐	

WEEKLY		MONTHLY	
	☐		☐
	☐		☐
	☐		☐
	☐		☐
	☐		☐
	☐		☐
	☐		☐

CLEANING CHECKLIST

KITCHEN

DAILY	MON	TUE	WED	THU	FRI	SAT	SUN
CLEAR AND WIPE TABLE	☐	☐	☐	☐	☐	☐	☐
WASH DISHES	☐	☐	☐	☐	☐	☐	☐
WIPE DOWN COUNTERTOP/STOVE	☐	☐	☐	☐	☐	☐	☐
CLEAN THE SINK	☐	☐	☐	☐	☐	☐	☐
TAKE OUT TRASH	☐	☐	☐	☐	☐	☐	☐
SPOT CLEAN THE FLOOR	☐	☐	☐	☐	☐	☐	☐
	☐	☐	☐	☐	☐	☐	☐

WEEKLY	
ORGANIZE FRIDGE	☐
DISCARD OLD FOOD	☐
WIPE DOWN APPLIANCES	☐
VACUUM/SWEEP/MOP FLOOR	☐
ORGANIZE CUPBOARD	☐
SPOT CLEAN THE FLOOR	☐
WIPE FRIDGE	☐
	☐

MONTHLY	
CLEAN WINDOWS	☐
WIPE CUPBOARD DOORS	☐
CLEAN OVEN AND RANGE	☐
CLEAN APPLIANCES	☐
	☐
	☐
	☐
	☐

BATHROOM

DAILY	MON	TUE	WED	THU	FRI	SAT	SUN
WIPE THE MIRROR	☐	☐	☐	☐	☐	☐	☐
WIPE COUNTERTOP	☐	☐	☐	☐	☐	☐	☐
CLEAN TOILET	☐	☐	☐	☐	☐	☐	☐
SQUEEGEE SHOWER DOOR	☐	☐	☐	☐	☐	☐	☐
	☐	☐	☐	☐	☐	☐	☐
	☐	☐	☐	☐	☐	☐	☐

WEEKLY	
CLEAN SINK/COUNTERTOP	☐
CLEAN TUB	☐
CLEAN TOILET	☐
EMPTY TRASH	☐
MOP FLOOR	☐
	☐
	☐

MONTHLY	
CLEAN WINDOWS	☐
WASH RUGS	☐
SCRUB TUB	☐
	☐
	☐
	☐
	☐

LIVING ROOM

DAILY	MON	TUE	WED	THU	FRI	SAT	SUN
ORGANIZE CLUTTER	☐	☐	☐	☐	☐	☐	☐
WIPE TABLES	☐	☐	☐	☐	☐	☐	☐
STRAIGHTEN CUSHIONS	☐	☐	☐	☐	☐	☐	☐

WEEKLY	
DUST TABLES & SHELVES	☐
VACUUM/SWEEP/MOP FLOOR	☐
	☐
	☐

MONTHLY	
DUST BLINDS/WASH CURTAINS	☐
WASH WINDOWS	☐
	☐
	☐

DINING ROOM

DAILY	MON	TUE	WED	THU	FRI	SAT	SUN
ORGANIZE CLUTTER	☐	☐	☐	☐	☐	☐	☐
WIPE TABLES	☐	☐	☐	☐	☐	☐	☐
	☐	☐	☐	☐	☐	☐	☐

WEEKLY	
DUST	☐
VACUUM/SWEEP/MOP FLOOR	☐
	☐
	☐

MONTHLY	
DUST BLINDS/WASH CURTAINS	☐
WASH WINDOWS	☐
	☐
	☐

GARAGE

DAILY	MON	TUE	WED	THU	FRI	SAT	SUN
ORGANIZE CLUTTER	☐	☐	☐	☐	☐	☐	☐
	☐	☐	☐	☐	☐	☐	☐

WEEKLY	
SWEEP GARAGE FLOOR	☐
	☐
	☐

MONTHLY	
DUST SHELVES	☐
	☐
	☐

YARD

DAILY	MON	TUE	WED	THU	FRI	SAT	SUN
WATER PLANTS	☐	☐	☐	☐	☐	☐	☐

WEEKLY	
SWEEP	☐
	☐

MONTHLY	
TRIM PLANTS	☐
	☐

CLEANING CHECKLIST

ROOM:								
DAILY	MON	TUE	WED	THU	FRI	SAT	SUN	
	☐	☐	☐	☐	☐	☐	☐	
	☐	☐	☐	☐	☐	☐	☐	
	☐	☐	☐	☐	☐	☐	☐	
	☐	☐	☐	☐	☐	☐	☐	
	☐	☐	☐	☐	☐	☐	☐	
	☐	☐	☐	☐	☐	☐	☐	
	☐	☐	☐	☐	☐	☐	☐	

WEEKLY		MONTHLY	
	☐		☐
	☐		☐
	☐		☐
	☐		☐
	☐		☐
	☐		☐
	☐		☐
	☐		☐

ROOM:								
DAILY	MON	TUE	WED	THU	FRI	SAT	SUN	
	☐	☐	☐	☐	☐	☐	☐	
	☐	☐	☐	☐	☐	☐	☐	
	☐	☐	☐	☐	☐	☐	☐	
	☐	☐	☐	☐	☐	☐	☐	
	☐	☐	☐	☐	☐	☐	☐	
	☐	☐	☐	☐	☐	☐	☐	
	☐	☐	☐	☐	☐	☐	☐	

WEEKLY		MONTHLY	
	☐		☐
	☐		☐
	☐		☐
	☐		☐
	☐		☐
	☐		☐
	☐		☐
	☐		☐

ROOM:								
DAILY	MON	TUE	WED	THU	FRI	SAT	SUN	
	☐	☐	☐	☐	☐	☐	☐	
	☐	☐	☐	☐	☐	☐	☐	
	☐	☐	☐	☐	☐	☐	☐	
	☐	☐	☐	☐	☐	☐	☐	
	☐	☐	☐	☐	☐	☐	☐	
	☐	☐	☐	☐	☐	☐	☐	
	☐	☐	☐	☐	☐	☐	☐	

WEEKLY		MONTHLY	
	☐		☐
	☐		☐
	☐		☐
	☐		☐
	☐		☐
	☐		☐
	☐		☐
	☐		☐

ROOM:								
DAILY	MON	TUE	WED	THU	FRI	SAT	SUN	
	☐	☐	☐	☐	☐	☐	☐	
	☐	☐	☐	☐	☐	☐	☐	
	☐	☐	☐	☐	☐	☐	☐	
	☐	☐	☐	☐	☐	☐	☐	
	☐	☐	☐	☐	☐	☐	☐	
	☐	☐	☐	☐	☐	☐	☐	
	☐	☐	☐	☐	☐	☐	☐	

WEEKLY		MONTHLY	
	☐		☐
	☐		☐
	☐		☐
	☐		☐
	☐		☐
	☐		☐
	☐		☐
	☐		☐

CLEANING CHECKLIST

KITCHEN

DAILY	MON	TUE	WED	THU	FRI	SAT	SUN
CLEAR AND WIPE TABLE	☐	☐	☐	☐	☐	☐	☐
WASH DISHES	☐	☐	☐	☐	☐	☐	☐
WIPE DOWN COUNTERTOP/STOVE	☐	☐	☐	☐	☐	☐	☐
CLEAN THE SINK	☐	☐	☐	☐	☐	☐	☐
TAKE OUT TRASH	☐	☐	☐	☐	☐	☐	☐
SPOT CLEAN THE FLOOR	☐	☐	☐	☐	☐	☐	☐

WEEKLY	
ORGANIZE FRIDGE	☐
DISCARD OLD FOOD	☐
WIPE DOWN APPLIANCES	☐
VACUUM/SWEEP/MOP FLOOR	☐
ORGANIZE CUPBOARD	☐
SPOT CLEAN THE FLOOR	☐
WIPE FRIDGE	☐
	☐

MONTHLY	
CLEAN WINDOWS	☐
WIPE CUPBOARD DOORS	☐
CLEAN OVEN AND RANGE	☐
CLEAN APPLIANCES	☐
	☐
	☐
	☐
	☐

BATHROOM

DAILY	MON	TUE	WED	THU	FRI	SAT	SUN
WIPE THE MIRROR	☐	☐	☐	☐	☐	☐	☐
WIPE COUNTERTOP	☐	☐	☐	☐	☐	☐	☐
CLEAN TOILET	☐	☐	☐	☐	☐	☐	☐
SQUEEGEE SHOWER DOOR	☐	☐	☐	☐	☐	☐	☐
	☐	☐	☐	☐	☐	☐	☐
	☐	☐	☐	☐	☐	☐	☐

WEEKLY	
CLEAN SINK/COUNTERTOP	☐
CLEAN TUB	☐
CLEAN TOILET	☐
EMPTY TRASH	☐
MOP FLOOR	☐
	☐
	☐

MONTHLY	
CLEAN WINDOWS	☐
WASH RUGS	☐
SCRUB TUB	☐
	☐
	☐
	☐
	☐

LIVING ROOM

DAILY	MON	TUE	WED	THU	FRI	SAT	SUN
ORGANIZE CLUTTER	☐	☐	☐	☐	☐	☐	☐
WIPE TABLES	☐	☐	☐	☐	☐	☐	☐
STRAIGHTEN CUSHIONS	☐	☐	☐	☐	☐	☐	☐

WEEKLY	
DUST TABLES & SHELVES	☐
VACUUM/SWEEP/MOP FLOOR	☐
	☐
	☐

MONTHLY	
DUST BLINDS/WASH CURTAINS	☐
WASH WINDOWS	☐
	☐
	☐

DINING ROOM

DAILY	MON	TUE	WED	THU	FRI	SAT	SUN
ORGANIZE CLUTTER	☐	☐	☐	☐	☐	☐	☐
WIPE TABLES	☐	☐	☐	☐	☐	☐	☐
	☐	☐	☐	☐	☐	☐	☐

WEEKLY	
DUST	☐
VACUUM/SWEEP/MOP FLOOR	☐
	☐
	☐

MONTHLY	
DUST BLINDS/WASH CURTAINS	☐
WASH WINDOWS	☐
	☐
	☐

GARAGE

DAILY	MON	TUE	WED	THU	FRI	SAT	SUN
ORGANIZE CLUTTER	☐	☐	☐	☐	☐	☐	☐
	☐	☐	☐	☐	☐	☐	☐

WEEKLY	
SWEEP GARAGE FLOOR	☐
	☐
	☐

MONTHLY	
DUST SHELVES	☐
	☐
	☐

YARD

DAILY	MON	TUE	WED	THU	FRI	SAT	SUN
WATER PLANTS	☐	☐	☐	☐	☐	☐	☐

WEEKLY	
SWEEP	☐
	☐

MONTHLY	
TRIM PLANTS	☐
	☐

CLEANING CHECKLIST

ROOM:										WEEKLY		MONTHLY	
DAILY		MON	TUE	WED	THU	FRI	SAT	SUN			☐		☐
		☐	☐	☐	☐	☐	☐	☐			☐		☐
		☐	☐	☐	☐	☐	☐	☐			☐		☐
		☐	☐	☐	☐	☐	☐	☐			☐		☐
		☐	☐	☐	☐	☐	☐	☐			☐		☐
		☐	☐	☐	☐	☐	☐	☐			☐		☐
		☐	☐	☐	☐	☐	☐	☐			☐		☐
		☐	☐	☐	☐	☐	☐	☐			☐		☐

ROOM:										WEEKLY		MONTHLY	
DAILY		MON	TUE	WED	THU	FRI	SAT	SUN			☐		☐
		☐	☐	☐	☐	☐	☐	☐			☐		☐
		☐	☐	☐	☐	☐	☐	☐			☐		☐
		☐	☐	☐	☐	☐	☐	☐			☐		☐
		☐	☐	☐	☐	☐	☐	☐			☐		☐
		☐	☐	☐	☐	☐	☐	☐			☐		☐
		☐	☐	☐	☐	☐	☐	☐			☐		☐
		☐	☐	☐	☐	☐	☐	☐			☐		☐

ROOM:										WEEKLY		MONTHLY	
DAILY		MON	TUE	WED	THU	FRI	SAT	SUN			☐		☐
		☐	☐	☐	☐	☐	☐	☐			☐		☐
		☐	☐	☐	☐	☐	☐	☐			☐		☐
		☐	☐	☐	☐	☐	☐	☐			☐		☐
		☐	☐	☐	☐	☐	☐	☐			☐		☐
		☐	☐	☐	☐	☐	☐	☐			☐		☐
		☐	☐	☐	☐	☐	☐	☐			☐		☐
		☐	☐	☐	☐	☐	☐	☐			☐		☐

ROOM:										WEEKLY		MONTHLY	
DAILY		MON	TUE	WED	THU	FRI	SAT	SUN			☐		☐
		☐	☐	☐	☐	☐	☐	☐			☐		☐
		☐	☐	☐	☐	☐	☐	☐			☐		☐
		☐	☐	☐	☐	☐	☐	☐			☐		☐
		☐	☐	☐	☐	☐	☐	☐			☐		☐
		☐	☐	☐	☐	☐	☐	☐			☐		☐
		☐	☐	☐	☐	☐	☐	☐			☐		☐
		☐	☐	☐	☐	☐	☐	☐			☐		☐

CLEANING CHECKLIST

KITCHEN

DAILY	MON	TUE	WED	THU	FRI	SAT	SUN
CLEAR AND WIPE TABLE	☐	☐	☐	☐	☐	☐	☐
WASH DISHES	☐	☐	☐	☐	☐	☐	☐
WIPE DOWN COUNTERTOP/STOVE	☐	☐	☐	☐	☐	☐	☐
CLEAN THE SINK	☐	☐	☐	☐	☐	☐	☐
TAKE OUT TRASH	☐	☐	☐	☐	☐	☐	☐
SPOT CLEAN THE FLOOR	☐	☐	☐	☐	☐	☐	☐
	☐	☐	☐	☐	☐	☐	☐

WEEKLY	
ORGANIZE FRIDGE	☐
DISCARD OLD FOOD	☐
WIPE DOWN APPLIANCES	☐
VACUUM/SWEEP/MOP FLOOR	☐
ORGANIZE CUPBOARD	☐
SPOT CLEAN THE FLOOR	☐
WIPE FRIDGE	☐
	☐

MONTHLY	
CLEAN WINDOWS	☐
WIPE CUPBOARD DOORS	☐
CLEAN OVEN AND RANGE	☐
CLEAN APPLIANCES	☐
	☐
	☐
	☐
	☐

BATHROOM

DAILY	MON	TUE	WED	THU	FRI	SAT	SUN
WIPE THE MIRROR	☐	☐	☐	☐	☐	☐	☐
WIPE COUNTERTOP	☐	☐	☐	☐	☐	☐	☐
CLEAN TOILET	☐	☐	☐	☐	☐	☐	☐
SQUEEGEE SHOWER DOOR	☐	☐	☐	☐	☐	☐	☐
	☐	☐	☐	☐	☐	☐	☐
	☐	☐	☐	☐	☐	☐	☐

WEEKLY	
CLEAN SINK/COUNTERTOP	☐
CLEAN TUB	☐
CLEAN TOILET	☐
EMPTY TRASH	☐
MOP FLOOR	☐
	☐
	☐

MONTHLY	
CLEAN WINDOWS	☐
WASH RUGS	☐
SCRUB TUB	☐
	☐
	☐
	☐
	☐

LIVING ROOM

DAILY	MON	TUE	WED	THU	FRI	SAT	SUN
ORGANIZE CLUTTER	☐	☐	☐	☐	☐	☐	☐
WIPE TABLES	☐	☐	☐	☐	☐	☐	☐
STRAIGHTEN CUSHIONS	☐	☐	☐	☐	☐	☐	☐

WEEKLY	
DUST TABLES & SHELVES	☐
VACUUM/SWEEP/MOP FLOOR	☐
	☐
	☐

MONTHLY	
DUST BLINDS/WASH CURTAINS	☐
WASH WINDOWS	☐
	☐
	☐

DINING ROOM

DAILY	MON	TUE	WED	THU	FRI	SAT	SUN
ORGANIZE CLUTTER	☐	☐	☐	☐	☐	☐	☐
WIPE TABLES	☐	☐	☐	☐	☐	☐	☐
	☐	☐	☐	☐	☐	☐	☐

WEEKLY	
DUST	☐
VACUUM/SWEEP/MOP FLOOR	☐
	☐
	☐

MONTHLY	
DUST BLINDS/WASH CURTAINS	☐
WASH WINDOWS	☐
	☐
	☐

GARAGE

DAILY	MON	TUE	WED	THU	FRI	SAT	SUN
ORGANIZE CLUTTER	☐	☐	☐	☐	☐	☐	☐
	☐	☐	☐	☐	☐	☐	☐

WEEKLY	
SWEEP GARAGE FLOOR	☐
	☐
	☐

MONTHLY	
DUST SHELVES	☐
	☐
	☐

YARD

DAILY	MON	TUE	WED	THU	FRI	SAT	SUN
WATER PLANTS	☐	☐	☐	☐	☐	☐	☐

WEEKLY	
SWEEP	☐
	☐

MONTHLY	
TRIM PLANTS	☐
	☐

CLEANING CHECKLIST

ROOM:								
DAILY	MON	TUE	WED	THU	FRI	SAT	SUN
	☐	☐	☐	☐	☐	☐	☐
	☐	☐	☐	☐	☐	☐	☐
	☐	☐	☐	☐	☐	☐	☐
	☐	☐	☐	☐	☐	☐	☐
	☐	☐	☐	☐	☐	☐	☐
	☐	☐	☐	☐	☐	☐	☐
	☐	☐	☐	☐	☐	☐	☐

WEEKLY		MONTHLY	
	☐		☐
	☐		☐
	☐		☐
	☐		☐
	☐		☐
	☐		☐
	☐		☐

ROOM:								
DAILY	MON	TUE	WED	THU	FRI	SAT	SUN
	☐	☐	☐	☐	☐	☐	☐
	☐	☐	☐	☐	☐	☐	☐
	☐	☐	☐	☐	☐	☐	☐
	☐	☐	☐	☐	☐	☐	☐
	☐	☐	☐	☐	☐	☐	☐
	☐	☐	☐	☐	☐	☐	☐
	☐	☐	☐	☐	☐	☐	☐

WEEKLY		MONTHLY	
	☐		☐
	☐		☐
	☐		☐
	☐		☐
	☐		☐
	☐		☐
	☐		☐

ROOM:								
DAILY	MON	TUE	WED	THU	FRI	SAT	SUN
	☐	☐	☐	☐	☐	☐	☐
	☐	☐	☐	☐	☐	☐	☐
	☐	☐	☐	☐	☐	☐	☐
	☐	☐	☐	☐	☐	☐	☐
	☐	☐	☐	☐	☐	☐	☐
	☐	☐	☐	☐	☐	☐	☐
	☐	☐	☐	☐	☐	☐	☐

WEEKLY		MONTHLY	
	☐		☐
	☐		☐
	☐		☐
	☐		☐
	☐		☐
	☐		☐
	☐		☐

ROOM:								
DAILY	MON	TUE	WED	THU	FRI	SAT	SUN
	☐	☐	☐	☐	☐	☐	☐
	☐	☐	☐	☐	☐	☐	☐
	☐	☐	☐	☐	☐	☐	☐
	☐	☐	☐	☐	☐	☐	☐
	☐	☐	☐	☐	☐	☐	☐
	☐	☐	☐	☐	☐	☐	☐
	☐	☐	☐	☐	☐	☐	☐

WEEKLY		MONTHLY	
	☐		☐
	☐		☐
	☐		☐
	☐		☐
	☐		☐
	☐		☐
	☐		☐

CLEANING CHECKLIST

KITCHEN

DAILY	MON	TUE	WED	THU	FRI	SAT	SUN
CLEAR AND WIPE TABLE	☐	☐	☐	☐	☐	☐	☐
WASH DISHES	☐	☐	☐	☐	☐	☐	☐
WIPE DOWN COUNTERTOP/STOVE	☐	☐	☐	☐	☐	☐	☐
CLEAN THE SINK	☐	☐	☐	☐	☐	☐	☐
TAKE OUT TRASH	☐	☐	☐	☐	☐	☐	☐
SPOT CLEAN THE FLOOR	☐	☐	☐	☐	☐	☐	☐
	☐	☐	☐	☐	☐	☐	☐

WEEKLY	
ORGANIZE FRIDGE	☐
DISCARD OLD FOOD	☐
WIPE DOWN APPLIANCES	☐
VACUUM/SWEEP/MOP FLOOR	☐
ORGANIZE CUPBOARD	☐
SPOT CLEAN THE FLOOR	☐
WIPE FRIDGE	☐
	☐

MONTHLY	
CLEAN WINDOWS	☐
WIPE CUPBOARD DOORS	☐
CLEAN OVEN AND RANGE	☐
CLEAN APPLIANCES	☐
	☐
	☐
	☐
	☐

BATHROOM

DAILY	MON	TUE	WED	THU	FRI	SAT	SUN
WIPE THE MIRROR	☐	☐	☐	☐	☐	☐	☐
WIPE COUNTERTOP	☐	☐	☐	☐	☐	☐	☐
CLEAN TOILET	☐	☐	☐	☐	☐	☐	☐
SQUEEGEE SHOWER DOOR	☐	☐	☐	☐	☐	☐	☐
	☐	☐	☐	☐	☐	☐	☐
	☐	☐	☐	☐	☐	☐	☐

WEEKLY	
CLEAN SINK/COUNTERTOP	☐
CLEAN TUB	☐
CLEAN TOILET	☐
EMPTY TRASH	☐
MOP FLOOR	☐
	☐
	☐

MONTHLY	
CLEAN WINDOWS	☐
WASH RUGS	☐
SCRUB TUB	☐
	☐
	☐
	☐
	☐

LIVING ROOM

DAILY	MON	TUE	WED	THU	FRI	SAT	SUN
ORGANIZE CLUTTER	☐	☐	☐	☐	☐	☐	☐
WIPE TABLES	☐	☐	☐	☐	☐	☐	☐
STRAIGHTEN CUSHIONS	☐	☐	☐	☐	☐	☐	☐

WEEKLY	
DUST TABLES & SHELVES	☐
VACUUM/SWEEP/MOP FLOOR	☐
	☐
	☐

MONTHLY	
DUST BLINDS/WASH CURTAINS	☐
WASH WINDOWS	☐
	☐
	☐

DINING ROOM

DAILY	MON	TUE	WED	THU	FRI	SAT	SUN
ORGANIZE CLUTTER	☐	☐	☐	☐	☐	☐	☐
WIPE TABLES	☐	☐	☐	☐	☐	☐	☐
	☐	☐	☐	☐	☐	☐	☐

WEEKLY	
DUST	☐
VACUUM/SWEEP/MOP FLOOR	☐
	☐
	☐

MONTHLY	
DUST BLINDS/WASH CURTAINS	☐
WASH WINDOWS	☐
	☐
	☐

GARAGE

DAILY	MON	TUE	WED	THU	FRI	SAT	SUN
ORGANIZE CLUTTER	☐	☐	☐	☐	☐	☐	☐
	☐	☐	☐	☐	☐	☐	☐

WEEKLY	
SWEEP GARAGE FLOOR	☐
	☐
	☐

MONTHLY	
DUST SHELVES	☐
	☐
	☐

YARD

DAILY	MON	TUE	WED	THU	FRI	SAT	SUN
WATER PLANTS	☐	☐	☐	☐	☐	☐	☐

WEEKLY	
SWEEP	☐
	☐

MONTHLY	
TRIM PLANTS	☐
	☐

CLEANING CHECKLIST

ROOM:							
DAILY	MON	TUE	WED	THU	FRI	SAT	SUN
	☐	☐	☐	☐	☐	☐	☐
	☐	☐	☐	☐	☐	☐	☐
	☐	☐	☐	☐	☐	☐	☐
	☐	☐	☐	☐	☐	☐	☐
	☐	☐	☐	☐	☐	☐	☐
	☐	☐	☐	☐	☐	☐	☐
	☐	☐	☐	☐	☐	☐	☐

WEEKLY		MONTHLY	
	☐		☐
	☐		☐
	☐		☐
	☐		☐
	☐		☐
	☐		☐
	☐		☐
	☐		☐

ROOM:							
DAILY	MON	TUE	WED	THU	FRI	SAT	SUN
	☐	☐	☐	☐	☐	☐	☐
	☐	☐	☐	☐	☐	☐	☐
	☐	☐	☐	☐	☐	☐	☐
	☐	☐	☐	☐	☐	☐	☐
	☐	☐	☐	☐	☐	☐	☐
	☐	☐	☐	☐	☐	☐	☐
	☐	☐	☐	☐	☐	☐	☐

WEEKLY		MONTHLY	
	☐		☐
	☐		☐
	☐		☐
	☐		☐
	☐		☐
	☐		☐
	☐		☐
	☐		☐

ROOM:							
DAILY	MON	TUE	WED	THU	FRI	SAT	SUN
	☐	☐	☐	☐	☐	☐	☐
	☐	☐	☐	☐	☐	☐	☐
	☐	☐	☐	☐	☐	☐	☐
	☐	☐	☐	☐	☐	☐	☐
	☐	☐	☐	☐	☐	☐	☐
	☐	☐	☐	☐	☐	☐	☐
	☐	☐	☐	☐	☐	☐	☐

WEEKLY		MONTHLY	
	☐		☐
	☐		☐
	☐		☐
	☐		☐
	☐		☐
	☐		☐
	☐		☐
	☐		☐

ROOM:							
DAILY	MON	TUE	WED	THU	FRI	SAT	SUN
	☐	☐	☐	☐	☐	☐	☐
	☐	☐	☐	☐	☐	☐	☐
	☐	☐	☐	☐	☐	☐	☐
	☐	☐	☐	☐	☐	☐	☐
	☐	☐	☐	☐	☐	☐	☐
	☐	☐	☐	☐	☐	☐	☐
	☐	☐	☐	☐	☐	☐	☐

WEEKLY		MONTHLY	
	☐		☐
	☐		☐
	☐		☐
	☐		☐
	☐		☐
	☐		☐
	☐		☐
	☐		☐

CLEANING CHECKLIST

KITCHEN

DAILY	MON	TUE	WED	THU	FRI	SAT	SUN
CLEAR AND WIPE TABLE	☐	☐	☐	☐	☐	☐	☐
WASH DISHES	☐	☐	☐	☐	☐	☐	☐
WIPE DOWN COUNTERTOP/STOVE	☐	☐	☐	☐	☐	☐	☐
CLEAN THE SINK	☐	☐	☐	☐	☐	☐	☐
TAKE OUT TRASH	☐	☐	☐	☐	☐	☐	☐
SPOT CLEAN THE FLOOR	☐	☐	☐	☐	☐	☐	☐
	☐	☐	☐	☐	☐	☐	☐

WEEKLY	
ORGANIZE FRIDGE	☐
DISCARD OLD FOOD	☐
WIPE DOWN APPLIANCES	☐
VACUUM/SWEEP/MOP FLOOR	☐
ORGANIZE CUPBOARD	☐
SPOT CLEAN THE FLOOR	☐
WIPE FRIDGE	☐
	☐

MONTHLY	
CLEAN WINDOWS	☐
WIPE CUPBOARD DOORS	☐
CLEAN OVEN AND RANGE	☐
CLEAN APPLIANCES	☐
	☐
	☐
	☐
	☐

BATHROOM

DAILY	MON	TUE	WED	THU	FRI	SAT	SUN
WIPE THE MIRROR	☐	☐	☐	☐	☐	☐	☐
WIPE COUNTERTOP	☐	☐	☐	☐	☐	☐	☐
CLEAN TOILET	☐	☐	☐	☐	☐	☐	☐
SQUEEGEE SHOWER DOOR	☐	☐	☐	☐	☐	☐	☐
	☐	☐	☐	☐	☐	☐	☐
	☐	☐	☐	☐	☐	☐	☐

WEEKLY	
CLEAN SINK/COUNTERTOP	☐
CLEAN TUB	☐
CLEAN TOILET	☐
EMPTY TRASH	☐
MOP FLOOR	☐
	☐
	☐

MONTHLY	
CLEAN WINDOWS	☐
WASH RUGS	☐
SCRUB TUB	☐
	☐
	☐
	☐
	☐

LIVING ROOM

DAILY	MON	TUE	WED	THU	FRI	SAT	SUN
ORGANIZE CLUTTER	☐	☐	☐	☐	☐	☐	☐
WIPE TABLES	☐	☐	☐	☐	☐	☐	☐
STRAIGHTEN CUSHIONS	☐	☐	☐	☐	☐	☐	☐

WEEKLY	
DUST TABLES & SHELVES	☐
VACUUM/SWEEP/MOP FLOOR	☐
	☐
	☐

MONTHLY	
DUST BLINDS/WASH CURTAINS	☐
WASH WINDOWS	☐
	☐
	☐

DINING ROOM

DAILY	MON	TUE	WED	THU	FRI	SAT	SUN
ORGANIZE CLUTTER	☐	☐	☐	☐	☐	☐	☐
WIPE TABLES	☐	☐	☐	☐	☐	☐	☐
	☐	☐	☐	☐	☐	☐	☐

WEEKLY	
DUST	☐
VACUUM/SWEEP/MOP FLOOR	☐
	☐
	☐

MONTHLY	
DUST BLINDS/WASH CURTAINS	☐
WASH WINDOWS	☐
	☐
	☐

GARAGE

DAILY	MON	TUE	WED	THU	FRI	SAT	SUN
ORGANIZE CLUTTER	☐	☐	☐	☐	☐	☐	☐
	☐	☐	☐	☐	☐	☐	☐

WEEKLY	
SWEEP GARAGE FLOOR	☐
	☐
	☐

MONTHLY	
DUST SHELVES	☐
	☐
	☐

YARD

DAILY	MON	TUE	WED	THU	FRI	SAT	SUN
WATER PLANTS	☐	☐	☐	☐	☐	☐	☐

WEEKLY	
SWEEP	☐
	☐

MONTHLY	
TRIM PLANTS	☐
	☐

CLEANING CHECKLIST

ROOM:							
DAILY	MON	TUE	WED	THU	FRI	SAT	SUN
	☐	☐	☐	☐	☐	☐	☐
	☐	☐	☐	☐	☐	☐	☐
	☐	☐	☐	☐	☐	☐	☐
	☐	☐	☐	☐	☐	☐	☐
	☐	☐	☐	☐	☐	☐	☐
	☐	☐	☐	☐	☐	☐	☐
	☐	☐	☐	☐	☐	☐	☐

WEEKLY		MONTHLY	
	☐		☐
	☐		☐
	☐		☐
	☐		☐
	☐		☐
	☐		☐
	☐		☐

ROOM:							
DAILY	MON	TUE	WED	THU	FRI	SAT	SUN
	☐	☐	☐	☐	☐	☐	☐
	☐	☐	☐	☐	☐	☐	☐
	☐	☐	☐	☐	☐	☐	☐
	☐	☐	☐	☐	☐	☐	☐
	☐	☐	☐	☐	☐	☐	☐
	☐	☐	☐	☐	☐	☐	☐
	☐	☐	☐	☐	☐	☐	☐

WEEKLY		MONTHLY	
	☐		☐
	☐		☐
	☐		☐
	☐		☐
	☐		☐
	☐		☐
	☐		☐

ROOM:							
DAILY	MON	TUE	WED	THU	FRI	SAT	SUN
	☐	☐	☐	☐	☐	☐	☐
	☐	☐	☐	☐	☐	☐	☐
	☐	☐	☐	☐	☐	☐	☐
	☐	☐	☐	☐	☐	☐	☐
	☐	☐	☐	☐	☐	☐	☐
	☐	☐	☐	☐	☐	☐	☐
	☐	☐	☐	☐	☐	☐	☐

WEEKLY		MONTHLY	
	☐		☐
	☐		☐
	☐		☐
	☐		☐
	☐		☐
	☐		☐
	☐		☐

ROOM:							
DAILY	MON	TUE	WED	THU	FRI	SAT	SUN
	☐	☐	☐	☐	☐	☐	☐
	☐	☐	☐	☐	☐	☐	☐
	☐	☐	☐	☐	☐	☐	☐
	☐	☐	☐	☐	☐	☐	☐
	☐	☐	☐	☐	☐	☐	☐
	☐	☐	☐	☐	☐	☐	☐
	☐	☐	☐	☐	☐	☐	☐

WEEKLY		MONTHLY	
	☐		☐
	☐		☐
	☐		☐
	☐		☐
	☐		☐
	☐		☐
	☐		☐

www.ingramcontent.com/pod-product-compliance
Lightning Source LLC
Chambersburg PA
CBHW081310070526
44578CB00006B/830